탕탕탕!
통과되었습니다

청동말굽 글 | 유인주 그림

머리말

'정치'라는 말은 옳지 못한 일을 바로잡는다는 뜻을 가지고 있어요. 이런 말은 무인도에 혼자 사는 사람에겐 필요하지 않을 거예요. 혼자서 하고 싶은 대로 하면 그만이니까요. 하지만 둘 이상이 모여 있고, 또 서로의 생각이 다르다면 이야기가 달라지지요. 어느 쪽이 옳은지 결정해야 하니까요.

그런데 여기서 또 질문이 생겨요. "이것이 옳아!" 하는 결정은 누가 할까요? 옳은 것에 대한 기준은 어떻게 생겨난 것일까요? 어느 날 하늘에서 날개 달린 천사가 내려와 "이것이 옳은 거야."라고 말해준 것은 아닐 거예요.

그래요, 정치를 알기 위해서는 많은 지식과 생각이 필요해요. 철학과 역사, 인간에 대한 이해가 바탕이 되어 정치의 역사, 정치 이념, 정치와 사회구조, 법과 질서, 정치 기관, 정치 참여의 방법 등을 두루 살펴보아야 하지요. 게다가 이제 정치는 한 나라를 잘 다스리는 것에만 한정되지 않아요. 국제 사회에서 자국의 권익을 보호하고 다른 나라들과 어깨를 나란히 하기 위해서도 정치가 필요하게 되었어요.

이 책은 정치의 구석구석을 살펴보았어요. 정치가 어떻게 생겨났으며, 역사가 흐르면서 어떻게 변해왔는지, 또 정치를 위한 힘이 누구에게 있고, 또 그 힘이 어떻게 분배되고 견제되는지, 정치를 수행하는 기관과 구성, 또 각 부서에서 하는 일들이 무엇인지, 국민들이 나라 안 정치에 참여

  하는 것에서부터 정부의 나라 밖 정치에 이르기까지 정치에 대한 모든 내용들을 다루었어요.
  이 어려운 이야기들이 여러분과 무슨 상관이 있냐고요? 교과서에 나오니 어쩔 수 없이 보는 거라고요? 정치는 어른들만의 일이 아니에요. 정치는 생각 있는 몇몇이 하는 것이 아니라 국민 모두가 함께하는 거예요. 사람들 사이에 갈등이나 다툼이 일어나고 있다면 그곳이 어디든 정치가 필요한 거예요.
  정치는 일상생활과도 관련되어 있지요. 또 여러분도 얼마든지 정치에 참여할 수 있어요. 하지만 아는 것이 먼저예요. 또 아는 것이 힘이에요.
  이 책이 여러분에게 힘을 더해줄 수 있으면 좋겠어요.

청동말굽 아줌마들

차례

1 정치와 국가

1) 정치의 정의 8
2) 국가의 탄생과 정치의 역사 11
3) 민주주의와 민주주의의 역사 18

2 한국의 민주주의

1) 한국 민주주의의 역사 24
2) 헌법과 민주주의 28
3) 북한과 민주주의 34

3 균형을 위한 강제와 견제

1) 민주주의에서의 삼권분립 40
2) 국민의 권리 42
3) 국가의 국민권리 규제 49
4) 국민의 의무 53

4 한국의 정치 기관

1) 국가를 대표하는 대통령 62
2) 국가를 운영하는 행정부 68
3) 국가의 법을 집행하는 사법부 82
4) 국민의 대표가 법을 만드는 입법부 99

5 국민들의 정치 참여

1) 선거 참여 110
2) 단체에 소속한 정치 참여 120
3) 이익집단과 시민단체 활동 122

6 외교와 국제정치

1) 국제정세의 변화와 외교정치 128
2) 국가의 외교정책을 수행하는 외교부 132
3) 비정부기구와 외교 145

1 정치와 국가

1 정치와 국가

1) 정치의 정의

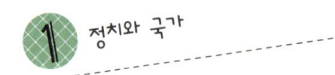

  '정치'는 한자로 '政治'라고 쓰지. 이것은 바른 일을 하도록 회초리로 친다는 뜻을 가진 '정(政)'과 물이 넘치지 않도록 건물을 세운다는 뜻을 가진 '치(治)'가 합쳐진 말이야. 다시 말해 옳지 못한 일을 잘 다스려 위험으로부터 사람들을 구한다는 뜻이 담겨 있어.

  정치라는 말이 필요하고 쓰이게 된 것은 모여 살기 시작하면서부터야. 작은 부족들이 모여 많은 사람들과 큰 영역을 차지하게 되니 늘 좋기만 했을까? 그런 만큼 사람들의 생활도 복잡해졌겠지?

  사람들마다 바라는 것이 다르고 자신에게 득이 되는 일을 주장하다 보니 갈등과 다툼이 생겨나게 되었어. 갈등을 해결하기 위해서는 잘잘못을 가리고 권익을 공평하게 나누어야 하잖아? 이런 모든 행동을 '정치'라고 불러.

  그럼 누가 정치를 했을까? 아주 작은 부족을 이루고 살았을 때부터 생각해볼까? 이때는 부족의 장, 즉 가장 나이 많은 어른이 부족민들 사이의 잘잘못을 가리고 옳은 행동을 하도록 했을 거야. 그러다 점점 많은 사람들이 모여 살게 되면서 족장보다 더 큰 힘을 가진 왕이 생기고, 그 왕이 나라의 경계를 정하고, 그 경계 안에 살고 있는 사람들을 다스리기 시작했지. 이때부터 왕이 정치를 하게 된 거야. 백성들은 다툼이 생기면 왕이 잘잘못을 가려주길 바랐고, 왕의 판단에 따르는 것이 도리라고 생각했지.

그런데 여기서 생각해볼 것이 있어. 나라의 영토가 점점 넓어지고, 백성들이 많아지면서 왕이 혼자서 모든 백성들의 일에 사사건건 관여할 수 있었을까? 멀리 떨어진 곳에서 일어난 일들은 어떻게 처리했을까? 아마도 왕은 자

신이 관여하지 않더라도 옳은 판단과 일처리를 할 수 있도록 법과 제도를 만들고, 그러한 일을 집행할 수 있는 권한을 가진 사람들을 임명했겠지. 그렇게 하면 나라 곳곳에서 일어나는 일을 동시에 처리할 수 있을 뿐만 아니라 왕이 정한 뜻에 따라 옳고 그름을 잘 판단해 줄 수 있을 테니까.

결국 정치는 집단을 이루고 모여 사는 사람들의 갈등과 다툼을 해결하여 바른 길로 안내하는 일로, 나라를 이끌어가는 힘과 책임이 있는 사람들이 법과 제도를 집행하고 시시비비를 가리고 판정하는 일을 말한단다.

2) 국가의 탄생과 정치의 역사

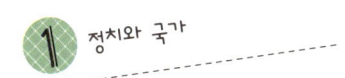

정치를 올바르게 이해하기 위해서는 정치를 행할 수 있는 나라, 즉 '국가'가 어떻게 생겨났으며, 어떻게 변해왔는지를 알아야 해. 왜냐하면 국가의 변화에 따라 정치도 변했기 때문이야.

너희가 잘 알고 있는 고대문명의 발상지인 메소포타미아, 이집트, 인더스, 황허 등에 사람들이 모여 살면서 왕국을 이루었단다. 왕국이라는 명칭에서도 알 수 있듯이 이때의 정치는 강력한 왕을 중심으로 이루어졌어.

기원전 800년 무렵부터 그리스 지역을 중심으로 국가의 형태를 갖춘 도시, '폴리스'가 생겨났어. '국가의 형태를 갖추었다'는 말을 알아볼까? 국가는 힘을 유효하게 발휘할 수 있는 영토, 영토 안에는 그 힘을 인정하며 살고 있는 사람들이 있어야 해. 그래서 주권, 영토, 국민을 국가를 이루는 3요소라고 하지.

폴리스가 국가의 형태를 갖추었다는 것은 독립된 주권과 그 힘을 따르는 국민이 있었다는 것을 의미해. 도시가 국가를 이루었다는 것도 독특하지만, 시민들이 직접 정치에 참여했다는 점도 독특했지. 이때의 정치방식이 오늘날 민주주의의 토대가 되기는 했지만 오래가지는 못했단다. 주변의 다른 여러 국가들이 군사들을 동원해 폴리스를 지배했거든.

로마제국으로 대표되는 고대제국들은 군대를 이끌고 주변 국가들은 물론 멀리 떨어진 국가에까지 쳐들어가 식민지를 만들고 영토를 넓혀갔단다. 동양의 몽골제국도 마찬가지야. 다른 국가를 점령해서 세력을 확장하고 위세

를 떨쳤지. 그럼 생각해보자. 이때의 정치는 어땠을까? 아마도 강력한 힘을 가진 황제가 정치의 가장 큰 힘을 가졌겠지?

시간이 흘러 강력한 군사제국들이 멸망하면서 중세시대가 시작되었지. 중세시대는 국가의 왕보다 종교의 지도자가 더 큰 정치적 힘을 갖는 시대였어. 로마의 교황이 유럽 여러 국가의 왕보다 더 큰 힘과 지위를 가졌어. 그래서 이때의 정치는 종교적인 명분에 따르는 것이 옳은 것이었지. 십자군 전쟁도 교황청의 뜻에 따른 것이었고. 종교가 정치적 힘을 발휘한 것은 이슬람교를 중심으로 하는 아랍국가들에서도 마찬가지였어.

16세기에 오면서 유럽의 국가들은 국가의 왕보다 교황이 더 큰 힘을 가진 것에 반발하기 시작했어. 프랑스의 루이 14세는 "짐은 곧 국가다."라는 유명한 말을 남기며 왕이 국가의 모든 힘을 집권하게 된 거야. 그래서 이 시대를 '절대왕정 국가시대'라고 부르지.

하지만 17~18세기에 들어서자 이런 절대왕정에 반발하는 세력들이 생겨났어. 국가의 힘은 한 사람의 왕에게만 있는 것이 아니라 국민에게 있다는 생각이 모아진 거야. 그 결과 영국과 프랑스에서는 왕권에 반발하는 시민들의 혁명이 일어났고, 이후 시민국가가 만들어졌단다. 시민국가에서는 국민의 대표로 구성된 '의회'에서 법과 제도를 만들고 국가의 중요한 사항들을 결정하도록 했어. 서양에서 이런 정치의 변화가 일어나는 동안 동양에서는 여전히 왕권을 우선으로 하는 정치가 이루어지고 있었어.

고대제국들이 군사력을 바탕으로 세력을 확장했던 것처럼 근대 시민국가

시대 이후 군사적인 힘을 가진 나라들이 힘이 약한 나라들을 침략해 식민지로 삼는 일이 다시 벌어졌단다. 이때를 제국주의시대라고 해. 아시아, 아프리카, 아메리카 등이 유럽열강의 지배를 받았어. 우리나라가 일본의 지배를 받았던 것도 이때의 일이란다.

그럼 이때의 정치는 어땠을까? 국가 안에서의 일보다는 다른 나라를 통치하는 일이 더 중요하지 않았을까? 결국 이러한 제국주의도 오래가지 못했어. 제1, 2차 세계대전 후에 식민통치를 받았던 나라들이 독립운동을 벌여 독립국가를 선언하게 되었지.

하지만 전 세계적으로 가장 큰 힘을 가지게 된 미국과 소련이 각기 자신의 이념을 내세워 대립하게 되었고, 다른 국가들도 이들의 정치적 힘의 영향을 받아 자본주의와 사회주의로 나뉘게 되었어. 이때의 정치는 국가의 이념을 따르는 것이 가장 옳은 일이었겠지?

이런 냉전의 시대도 오래가지 못했어. 소련이 멸망하면서 더 이상 이념의 대립은 중요하지 않았거든. 사회주의 국가니까 서로 한편이 되고, 자본주의 국가니까 적이라는 생각이 소용없어진 거지.

과학기술의 발달도 이런 경계를 없애는 데 한몫하게 되었어. 전에는 국가가 개인 간의 교역이나 통신을 제어했지만 이제는 국가의 구분보다는 전 세계가 한 마을로 이어져있다는 '지구촌'의 개념이 더 중요해진 거야.

그럼 지금의 정치는 어떨까? 한 국가의 살림과 안정, 국민의 권익을 보호하는 일들이 나라 안에서만 해당되는 것이 아니라 세계 여러 나라 사이에서

자국의 권익을 주장하고 보호하는 국제정치까지 더 큰 범위로 확장된 거야.

이제 한 국가에서 가장 중요한 정치는 자국의 안녕과 경제적 부강을 위해 노력하는 것이 되었어. 이념으로 편을 가르는 것이 아니라 국가와 국민의 이익을 위해 서로 한편이 되는 거지. 그래서 여러 기구들이 생겨났어. 유럽연

유럽연합(EU)

북미자유무역협정(NAFTA)

동남아시아국가연합(ASEAN)

합(EU), 북미자유무역협정(NAFTA), 동남아시아국가연합(ASEAN) 등 지역 연합을 꾀하는 국제기구는 물론 국경을 허물고 함께 일하자는 취지의 많은 단체와 연합들이 생겨났어.

어때? 이렇게 살펴보니 정치란 무엇이며, 어떻게 하는 것이 옳은 것인가의 기준이 시대에 따라 달라진다는 것을 알 수 있겠지?

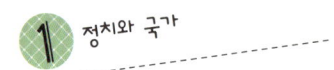

3) 민주주의와 민주주의의 역사

역사에 따라 정치가 달라졌다면 현대의 정치는 어떤 모습일까? 서슴지 않고 민주주의라고 하겠지? 그럼 민주주의가 무엇이고 어떻게 발전되어 온 것일까?

'민주'라는 말은 '民主', 즉 '백성이 주인'이라는 뜻이야. 따라서 민주주의는 '국민이 권력을 가지고 그 권력을 스스로 행사하는 제도, 또는 그런 정치를 지향하는 사상'이지. 영어의 'Democracy'라는 말도 국민을 뜻하는 'Demo'와 지배를 뜻하는 'Kratia'의 합성어로 국민이 나라의 지배권을 가진다는 뜻이지.

앞서 이야기한 고대 그리스의 폴리스에서는 시민들이 직접 대표를 뽑아 국가의 일을 결정하는 의회를 만들었어. 그래서 이때를 민주주의의 시작으로 보고 있어. 그리스의 폴리스는 짧은 역사로 사라졌지만 그 후에도 국민들의 정치 참여는 계속되어 왔단다. 고대 로마에도 왕이 있었지만 평민과 귀족들은 왕 못지않은 힘을 가지고 있었어. 그들은 평민의 모임인 민회와 귀족이 모인 원로원을 통해 국가의 중요한 사안을 결정하는 공화정치를 했어. 이후로 왕권이 강화되거나 종교가 힘을 갖는 시대가 이어졌지.

그러나 1668년 영국에서 국민들이 힘을 모아 왕을 내쫓는 명예혁명이 일어났고, 다시 국민들이 정치에 참여하는 시대를 맞았지. 1776년에는 영국의 지배를 받던 미국이 독립을 선언하면서 민주주의 국가의 기틀을 마련했어.

1789년 프랑스에서 왕, 성직자, 귀족의 지배하에 있던 시민들이 혁명을 일으켰단다. 이것이 바로 프랑스 혁명이야. 프랑스 혁명의 이념인 '자유, 평등, 박애'는 오늘날의 민주주의에서도 중요한 이념이란다.

민주주의는 절대적 권력을 휘둘렀던 왕권에 반대하는 시민들의 혁명에 의해 되찾은 정치이념으로, 영국의 명예혁명, 미국의 독립혁명, 프랑스 혁명은 민주주의 3대 시민혁명이라 불리기도 한단다. 하지만 오늘날의 민주주의가 꼭 이러한 혁명의 정신을 이어받은 것이라고 단정할 수는 없단다. 국민의 주권은 혁명을 통해 쟁취되는 것이 아니기 때문이야.

여기서 주의해야 할 점은 민주정치와 왕권정치는 서로 반대 개념이 아니라는 것이야. 글자 그대로의 뜻을 보면 국민이 주인이냐 왕이 주인이냐를 따지는 것으로 두 정치가 함께 이루어질 수 없는 것처럼 보일 수 있어. 하지만 왕에 의한 정치를 하더라도 국민들의 의견이나 권리를 보장할 수 있거든.

어떻게 그럴 수 있냐고? 우리나라의 역사를 살펴보면 국민의 권익을 존중했던 국가의 이념과 왕의 정치 사례를 어렵지 않게 찾아볼 수 있단다. 우

프랑스 혁명을 상징하는 들라크루아의 〈민중을 이끄는 자유의 여신〉

리 역사를 거슬러 가장 처음의 국가였던 고조선은 '널리 인간을 이롭게 한다'는 '홍익인간(弘益人間)'을 이념으로 나라를 세웠어. 지금도 국경일로 기념하고 있는 개천절도 단군이 '백성들과 함께' 제를 올리며 하늘문을 열어 '널리 인간을 이롭게 하라'는 뜻을 받은 날이라고 해. 이런 건국이념이 역사의 흐름 속에서 계속 이어져 백성을 근본으로 여기고 백성의 뜻을 헤아리는 것이 어진 정치를 베푸는 것이라 여겼지. 실제로 우리 역사 속의 왕은 문무 대신들과 함께 정치적인 사안을 논의했고, 왕은 대신들의 의견을 함부로 무시하지 못했다고 해.

어때, 우리 조상들은 참으로 현명하고도 앞서가는 정치이념을 가지고 있었지?

2 한국의 민주주의

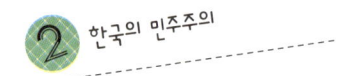

1) 한국 민주주의의 역사

　'홍익인간'의 건국이념이 계속되었다면 아마도 우리나라의 역사가 민주주의의 역사를 대표했을 거야. 하지만 우리의 역사를 보면 왕권을 더욱 강화하고 신분제도로 차별을 하는 때도 있었어. 무엇보다도 일제강점기는 우리의 전통이념과 사상이 말살되고 국민의 주권이 빼앗긴 치욕의 역사였어. 그래서 한국의 민주주의 시작은 일제강점기에서 벗어난 광복 이후부터로 보고 있어.

　1945년 8월 15일 일본으로부터 해방된 한국은 1948년 5월 10일 국회의원을 뽑는 총선거를 실시해 5월 31일 처음으로 국회가 열렸고, 7월 17일 헌법을 공포했어. 이때 국회에서 처음으로 대통령 선거를 치러 우리나라 최초의 대통령인 이승만 대통령을 뽑아 자유민주주의를 선언하는 대한민국 정부가 수립되었지.

　하지만 1950년 6월 25일 한국전쟁이 발발하여 남과 북이 서로 다른 이념으로 대립하는 가운데 남한에서는 1960년 3월 15일 제4대 대통령을 뽑는 선거가 치러졌는데, 이때의 선거는 공정하지 못했어. 이미 기표된 투표함을 바꿔치기 해서 대통령을 뽑았거든. 이에 분노한 시민과 학생들은 전국 곳곳에서 부정부패를 일삼는 정부에 대항하는 시위를 벌였고, 결국 이승만 대통령과 자유당 정권은 물러나게 되었어. 이 시위는 국민들 스스로가 자신의 주권과 자유를 지키기 위해 일으킨 민주주의 혁명으로 4.19 혁명이라 부른단다.

4.19 혁명 이후에도 제대로 된 민주주의가 실현되지는 않았어. 사회가 혼란한 틈에 군인들이 쿠데타를 일으켰고, 1963년 12월 쿠데타의 중심세력이었던 박정희가 대통령이 되어 유신헌법을 선포했지. 국민을 대표하는 집단이 아닌 자신의 정권을 옹호하는 집단에서 대통령을 뽑도록 만든 유신헌법 덕분에 박정희 대통령은 18년 동안이나 정권을 잡을 수 있었어. 1979년 10월 박정희 대통령이 총에 맞아 숨지면서 유신헌법으로 명목을 유지해온 정권도 와해되었어.

오랫동안 독재를 해온 대통령이었지만 국가를 대표하는 대통령이 암살당하자 한국은 또 한번 혼란의 시기를 겪게 되었어. 이 혼란을 틈타 다시 군사정변이 일어났고, 군대지휘권을 가지고 있던 전두환이 대통령이 된 거야. 그러자 1980년 5월 18일 전라남도 광주에서 전두환 퇴진을 요구하는 학생 시위대와 군인들로 이루어진 계엄군이 맞서는 사건이 벌어졌어. 군사정권의 비상계엄령에 따르는 계엄군과 시민들을 무차별 학살하여 수많은 사람들이 목숨을 잃었지. 이 시위를 5.18 민주화운동이라고 한단다.

4.19 혁명 – 대구시청 앞에서 이승만 정권에 대항하며 시위를 벌이는 모습

5.18 민주화운동 – 전남도청 광장에서 전두환 정권의 퇴진을 요구하는 시위를 벌이는 모습

5.18 민주화운동을 계기로 전국 곳곳에서 시위가 일어났어. 국민들은 대통령을 자신들의 손으로 직접 뽑는 대통령직선제로 헌법을 바꿀 것을 요구했어. 독재정권이 지속되는 것을 막고 국민이 주인이 되는 정치를 위한 방법으로써 대통령직선제를 주장한 거야. 이러한 시위는 1980년대 후반까지 계속되었고 수많은 학생과 시민들이 크게 다치거나 목숨을 잃었어. 1987년 6월 10일 시민들이 거리로 뛰어나와 민주화를 외치는 대대적인 시위가 일어났는데, 이를 6월 민주항쟁이라 한단다. 이러한 시위 덕분에 결국 국민의 민주화와 대통령직선제를 받아들이는 6.29 민주화 선언이 발표되었지.

서양과 마찬가지로 한국의 민주주의도 국민 스스로 일어나 자신이 주인임을 외친 혁명을 통해 발전된 것이라 할 수 있어. 동서양을 막론하고 민주주의를 실현하기 위해서는 많은 사람들이 희생된 혁명의 역사가 있었다는 것은 안타까운 일이지. 그렇기 때문에 올바른 민주주의가 실현될 수 있도록 모두 함께 노력해야 하는 것 아니겠어?

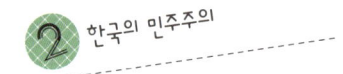

2) 헌법과 민주주의

　민주주의는 국민이 국가의 주인으로서 권력을 가지도록 하는 거잖아? 그렇기 위해서는 국민이 주인임을 보장하는 규칙들이 필요하단다. 그 규칙들 중 가장 우선으로 고려하고 최고의 강제력을 가진 것이 헌법이야.

　헌법에는 우리나라의 영토가 어디까지이고, 어떤 이념으로 국가가 운영되고, 국가기관이 어떻게 구성되는지도 정해져 있어. 뿐만 아니라 주권을 행사하기 위해 필요한 국민들의 기본 권리와 지켜야 할 의무에 대해서도 정해놓았단다. 물론 국민의 최고 대표자인 대통령을 뽑는 방법도 정해져 있지.

　헌법은 모든 법률 중 가장 기본이 되면서도 가장 높은 지위를 가지고 있으며, 헌법 밑에는 국회에서 제정한 민법, 형법, 상법, 민사소송법, 형사소송법 등의 법률이 있어. 법률 밑에는 행정부에서 만드는 명령, 지방의회에서 만드는 조례, 국회, 정부, 법원 등 국가의 각 기관에서 만드는 규칙이 있어. 이 모두는 헌법에서 정한 기본적인 사항에 따라 필요한 것을 세세하게 정해놓은

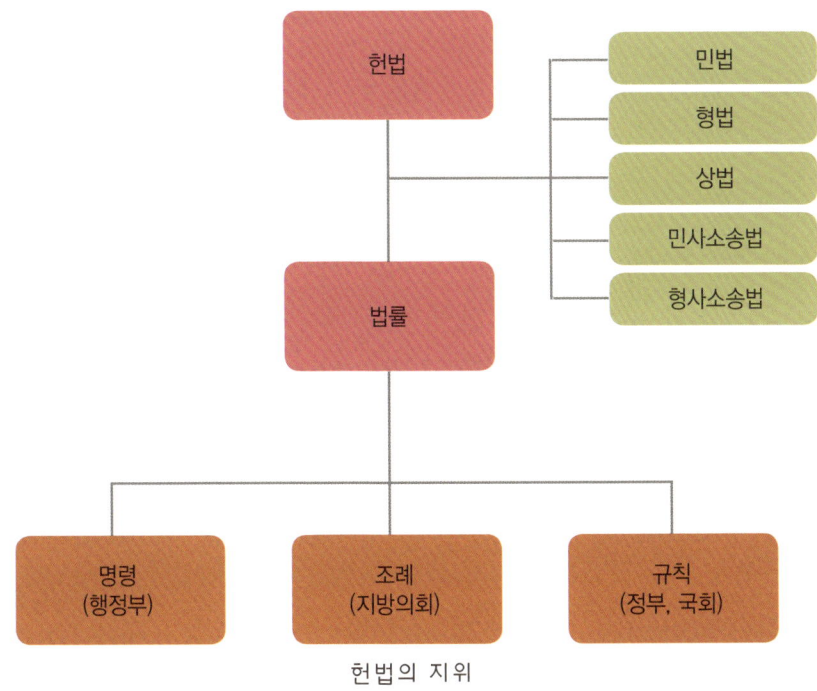

헌법의 지위

것이야. 다시 말해 정부의 각 기관은 헌법에 규정되어 있는 국민의 권익을 보호하기 위한 구체적인 방법을 법률에 따라 정해야 하고, 법률은 어떠한 경우라도 헌법에 어긋나서는 안 된단다.

물론 헌법은 국민들의 뜻에 따라 정해져야 하지. 하지만 국민 개개인에게 의견을 물어 헌법을 만든다면 엄청난 시간이 필요할 거야. 게다가 의견을 하나로 모으기도 어렵고 말이야. 그래서 국민의 대표를 뽑아 헌법을 만들고 국민들에게 찬성과 반대를 묻는 투표를 하도록 했단다. 1948년 7월 17일 한국에서 최초로 헌법이 만들어졌으며, 국회에서 대통령을 뽑는 간접 선거도 이때 정해졌단다.

그런데 말이야, 헌법이 국민의 주권을 옹호하지 못하고 권력을 가진 몇몇 사람들의 이익을 보호하는 방향으로 만들어졌다면 어떻겠어? 당연히 헌법을 바꾸어야겠지.

우리나라에서는 최초로 헌법이 제정된 이후 여러 차례 헌법을 개정했단다. 그런데 모든 헌법의 개정이 바른 의도를 가지고 이루어진 것만은 아니었어. 1952년 이승만 대통령은 대통령직의 연임을 위해 국민의 직접투표와 국회의 내각책임제의 요소를 교묘하게 섞어 헌법을 고쳐 오랫동안 정권을 잡아왔어. 박정희는 권력을 지속하기 위해 대통령의 연임이 가능하도록 헌법을 바꾸었고, 1972년 10월에는 대통령의 간접선거와 임기를 연장하도록 헌법을 고쳐 유신헌법을 제정했어. 박정희 대통령의 사망 이후 새로이 정권을 잡은 군부세력인 전두환, 노태우 정권 역시 헌법을 개정했어. 물론 이때의 헌법도 겉으로는 국민의 기본권을 강화하는 것처럼 보였지만 자신의 독재정치를 지속할 수 있도록 대통령을 간접선거로 뽑도록 했어.

이 시대의 헌법 개정은 민주주의를 표방하고 있음에도 국가의 권력을 장악한 독재자들이 국민보다는 자신의 권익을 위한 것이었어. 그렇기 때문에 6.10 민주항쟁 이후의 헌법 개정은 전 국민의 투표를 통해 나라의 최고 통치권자를 뽑도록 했다는 점과 '국가의 주인은 국민'이라는 민주주의 이념을 더 충실하게 따르게 되었다는 점에서 큰 의미를 갖고 있어.

현재는 헌법을 개정하려면 헌법에 규정된 바에 따라 투표권을 가진 국민

의 반 이상이 투표에 참여해야 하고, 또 투표한 사람의 반 이상이 헌법 개정에 찬성해야 한단다. 법률을 개정하거나 새로운 법률을 만드는 일 또한 특정 정부기관에서 마음대로 정하는 것이 아니라 정해진 절차에 따라야 해. 우선 국회나 정부에서 제정한 법률이나 국민의 청원을 통해서 제안된 법률안을 국회에서 검토하고, 내용의 정당성이 입증되면 국회의원들이 법률통과에 관한 찬반투표를 하게 된단다. 이런 절차 또한 국민들이 자신들을 대표하는 국회의원을 통해 법률안을 제정하도록 함으로써 국민의 의견을 반영하는 것이 된단다.

헌법이나 법률의 개정 또는 제정이 쉽지 않은 일이지만, 한 국가의 법이

6.10 민주항쟁 - 전두환 군사정권의 독재를 저지하기 위해 시위를 벌이는 모습

바뀐다는 것은 곧 국가의 정치가 변화했음을 의미해. 따라서 우리나라뿐만 아니라 다른 국가에서도 국가의 최고법이 어떠한 방향으로 변화되었는지를 통해 국가의 민주주의가 실현되는 과정에 어떤 우여곡절을 겪어왔는지도 알 수 있지.

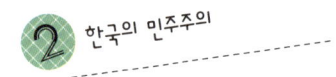

3) 북한과 민주주의

　북한은 민주주의국가가 아니라고들 하지. 민주주의와 공산주의는 반대라고 생각하기 때문이야. 그런데 북한의 국가명이 '조선민주주의인민공화국(Democratic of people's republic korea)'이란 것을 알면 깜짝 놀랄걸? 사실 민주주의에도 여러 가지 형태가 있을 수 있어. '민주주의'라는 말은 왕권제도와는 달리 백성 또는 시민이 주권을 가진다는 뜻이 되기 때문이지.

　민주주의를 표방하는 나라에는 우리나라처럼 '자유민주주의'를 채택한 나라도 있고, 북한처럼 '사회민주주의'를 채택한 나라도 있어.

　.대한민국 헌법 제1조에 '대한민국은 민주공화국이다.'라고 한 것처럼 북한 헌법 제1조에도 '조선민주주의인민공화국은 전체 조선인민의 리익을 대표하는 자주적인 사회주의국가이다.'라고 나와 있어. 둘 다 민주주의라는 말을 쓰고 있지만 차이는 있지.

　자유민주주의에서는 정치적 자유를 우선시하는 반면 사회민주주의에서는 평등을 더 내세우는 거야. 특히 노동자 계층이 자본을 가지고 있는 다른 사람들과 평등한 권리를 가지는 것을 강조하지. 그러다 보니 자본을 가진 사람들을 적대시하는 것으로 보일지 모르지만 사실 어느 한쪽을 적으로 삼는 이념이기보다는 사회의 모든 계급이 차별 없이 평등한 대우를 받는 것을 민주주의로 보는 거야.

여기까지 보면 북한의 민주주의도 나쁘지 않다는 생각이 들지? 하지만 좋은 생각도 어떻게 실천하는가에 따라 다르게 평가될 수 있단다. 해방 이후 사회주의를 옹호하는 사람들에 의해 창당된 '조선공산당 북조선분국'을 모

북한(조선민주주의인민공화국)

체로 하는 '조선노동당'이 북한의 핵심으로 자리 잡았어. 명목상으로는 민주주의에서 주요한 권력체제로 삼는 삼권분립의 체제를 갖추고 있지만 실제로 조선노동당을 중심으로 한 일당 집권체제이며 모든 권력이 노동당에 집중되어 있단다.

사회민주주의에서 표방하는 노동자들의 평등한 권리가 실현되는 정치라기보다는 당 간부들에 의한 권력이 실현되어 왔다고 볼 수 있어. 이렇다 보니 노동자 계급은 평등한 대우를 받기는커녕 헐벗고 굶주리는 생활을 견디

다 못해 북한을 탈출하는 북한주민들이 점점 더 늘어나고 있고, 우리나라에서는 북한이탈주민들을 위한 복지사업이 중요해지기에 이르렀단다.

또한 공산주의와 사회주의에서 채택한 정치이념을 이어받기보다는 김일성의 주체사상을 중심으로 국가의 최고 권력이 아들과 손자로 세습되는 왕정독재정치를 펼치는 것도 문제이지. 북한의 최고 권력층은 세계 공산화 혁명을 주요한 국가목표로 삼고 있기 때문에 군사력 강화에 전념하게 되었고 위험한 무기로 자신들의 입지를 내세우고자 하고 있단다. 북핵문제가 계속해서 거론되는 것도 이 때문이지.

이런 이유로 북한이 민주주의국가가 아니라고 말하기는 어렵지만 민주주의의 이념을 제대로 실천하고 있다고 말하기도 어렵단다.

3 균형을 위한 강제와 견제

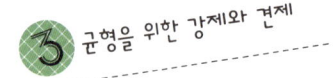

1) 민주주의에서의 삼권분립

만약 너희가 뽑은 회장이 학급의 일들을 자기 마음대로 결정한다면 어떻게 될까? 여기저기서 불만이 터져 나오겠지? 학급의 일들이 제대로 처리되지 못할 것은 당연하고 말이야. 그럼 너희는 담임선생님께 회장에 대한 불만을 이야기해 잘못된 것을 바로잡으려고 할 거야.

국가에서는 어떨까? 국민들이 뽑은 대표가 국민들의 의견을 받아들이기는커녕 자기 마음대로 권력을 행사해서 오히려 국민들을 힘들게 한다면 어떻게 해야 할까?

대부분의 민주주의 국가에서는 국민의 대표가 잘못된 권력을 행사하는 것을 막기 위해 국가의 권력을 분산시키는 제도를 채택하고 있어. 국가의 권력을 나누어야 한다고 최초로 주장한 사람은 영국의 로크였어. 그는 법을 더 우위에 두었는데, 그를 이어 프랑스의 몽테스키외가 입법, 행정, 사법의 권력이 나뉘어야 한다고 주장했지. 미국이 몽테스키외의 삼권분립 주장을 받아들여 이것이 오늘날 민주주의의 중요한 요소가 된 거야.

우리나라도 헌법에 삼권분립을 명시하고 있어. 삼권분립은 대통령과 각 행정부처를 중심으로 한 정부(행정부), 국민을 대표하는 국회의원들이 모인 국회(입법부), 법에 따라 국민의 권리를 보호하는 법원(사법부)이 동등한 힘을 가지고 서로를 견제하도록 하는 거야.

국회는 법을 만드는 입법권을 갖고, 정부는 나랏일을 돌보는 정책을 결정하고 실행하고, 법원은 국회와 정부가 하는 일들의 옳고 그름을 법으로 판단한단다.

이렇게 세 부서에서 균형 잡힌 힘을 발휘하게 되면 어느 한 곳에서 제멋대로의 권력을 행사하여 국민의 의견을 무시하거나 자유를 억압하는 잘못된 결과를 방지할 수 있어.

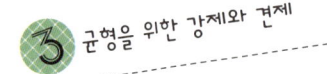

　국민에게는 한 나라의 국민으로서 누려야 할 마땅한 권리가 있어. 권리란 어떤 일을 하거나 특별한 이익을 누릴 수 있는 자격을 말해. 대한민국의 헌법 제10조에는 국민이 누려야 할 권리를 다음과 같이 설명하고 있어.

모든 국민은 인간으로서의 존엄과 가치를 지니며, 행복을 추구할 권리를 가진다.

　이는 곧 대한민국의 모든 국민은 하늘이 내려준 귀한 사람이며, 가치 있고 행복한 삶을 누려야 한다는 것을 의미하지. 그렇다면 국민의 행복한 삶을 위해 무엇이 보장되어야 할까? 헌법에는 모든 국민들에게 5가지 기본권리가 있다고 규정해 놓았어.

① **평등권**

헌법 제11조에는 "모든 국민은 법 앞에 평등하며, 누구든지 성별, 종교, 사회적 신분 등에 의해 정치적, 경제적, 사회적, 문화적 생활의 모든 영역에서 차별받지 않을 권리가 있다."고 나와 있지.

평등권은 대한민국 국민이라면 누구든지 어떠한 경우에라도 차별받지 않는다는 중요한 권리를 말해. 공공장소나 회의장에서 나이가 어리거나 옷차림이 남루하다는 이유로 제지당한다면 헌법의 평등권에 어긋나는 일이 되는 거야.

하지만 예외도 있어. 어떤 모임이나 장소에 입장할 수 있는 조건을 분명히

밝힌 경우에는 그 조건을 갖춘 사람과 그렇지 않은 사람을 '평등하다'라고 볼 수 없겠지?

② **자유권**

정해진 범위 내에서라면 대한민국 국민 누구나 자신의 뜻에 따라 행동할 수 있는 권리를 말해. 누구든 신체적 자유, 사회적·경제적 자유, 정신적 자유, 표현의 자유 등을 가지고 있다는 거지. 원치 않는 신체적 구속을 받지 않을 수 있고, 이사를 가거나 여행을 갈 수 있고, 자유롭게 종교를 선택할 수 있으며, 원하는 내용의 글을 쓰거나 그림을 그릴 수 있을 뿐만 아니라 신

문·방송 등에 보도할 수 있는 자유가 있다는 거야.

　요즘 인터넷을 통해 개인이 만든 영상물이나 소설, 만화, 각종 자료 등이 대중들에게 전달되는 것처럼 말이야. 너희가 찍은 동영상을 유튜브나 블로그에 올리는 것도 표현의 자유를 누리는 것이란다.

③ **사회권**

　대한민국 모든 국민이 인간다운 생활을 하기 위해 국가에 적극적인 배려를 요구할 수 있는 권리를 말해. 헌법 제34조에 보면 "모든 국민은 인간다운 생활을 할 권리를 가진다."고 명시되어 있단다. 그래서 사회권을 생존권이

라고도 해.

  국가는 국민의 인간다운 생활을 위해 사회보장·사회복지의 증진에 노력할 의무를 지니며, 여자·노인·청소년의 복지와 생활능력이 없는 사람들을 보호해야 할 의무가 있단다. 또 국민들이 일을 할 수 있도록 고용을 늘리고, 적정임금을 받을 수 있도록 책임져야 하며, 의무교육이나 무상교육 등으로 모든 국민이 평등하게 교육을 받을 수 있도록 보장해야 하지.

  그것만이 아니야. 인간답게 산다는 것에는 건강도 중요하거든. 그래서 국가는 국민들이 건강하고 쾌적한 환경에서 살 수 있도록 환경을 관리해야 하는 의무도 있어.

④ 청구권

  국민이 국가를 상대로 요구할 수 있는 권리를 말해. 이러한 권리는 국민이 자신의 기본권을 보장받기 위해 요청할 수 있는 행위에 관한 것으로, ①청원권 ②재판청구권 ③형사보상청구권 ④공무원의 불법행위로 인한 손해배상청구권 ⑤범죄피해구조청구권 ⑥헌법소원권 등이 있지.

  단어들이 좀 어렵지? 이 권리들은 국민이 자신이 입은 피해를 보상해달라고 요구할 권리가 있음을 규정해놓은 것이야.

  너희가 부모님께 형제간의 잘잘못을 가려달라고 하거나 동생이 내 학용품을 망가뜨렸으니 새것으로 사달라고 하는 것과 마찬가지로 말이야. 어때, 집에서나 학교에서 이런 권리를 주장하고 싶어지지 않니?

⑤ 참정권

　모든 국민이 정치에 참여할 수 있는 권리로, 대한민국 국민이라면 누구나 대통령이나 국회의원 선거에 출마할 수 있고, 선거를 통해 다른 사람을 뽑을 수도 있는 권리야. 선거만이 아니라 국가의 중요한 행정상의 일을 결정하거나 헌법을 고치는 등의 투표에도 참여할 수 있단다.

　너희들도 학교나 학급의 중요한 일들을 결정하거나 회장을 뽑을 때 투표를 하잖아. 그 투표권은 공부를 잘하거나 못하거나 말썽쟁이거나 모범생이거나 상관없이 전교생에게 주어지는 것과 같아.

　아, 선거에서 후보로 나온 사람도 왜 투표를 하는지 궁금할 수도 있겠다.

국회의원 선거나 대통령 선거 때 후보들이 투표를 하는 모습을 봤을 거야. 대한민국 모든 국민은 정치적인 일에 참여할 수 있는 권리가 있기 때문에 후보들도 투표권을 행사할 수 있단다. 자기가 자기에게 투표하는 것은 잘못된 일이 아니란다.

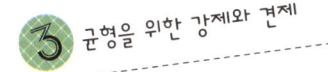

3) 국가의 국민권리 규제

　만약 모든 국민이 자신의 권리만을 주장한다면 어떨까? 출근시간 누군가 도로 한복판에 벌렁 누워있다고 생각해보자. 그 사람이 위험한 것은 당연하고, 그 사람으로 인한 심각한 교통체증으로 큰 혼란이 일어날 거야. 차들이 서로 뒤엉켜 빵빵거리고 난리가 나겠지?

　"나, 대한민국 국민이에요. 대한민국 국민에게는 신체의 자유, 거주이전의 자유가 있는 거 아닙니까?"

　누워있는 사람이 자신의 자유권을 주장한다면, 이 권리를 인정해주어야 하는 걸까?

　또 다른 경우를 생각해보자. 높이 짓는 옆의 건물 때문에 우리 집으로 햇빛이 들어오지 않는다면 어떨까? 어두컴컴해진 집에 대낮에도 전등을 켜고 지내야 한다면 말이야.

　"아니, 이렇게 건물을 높이 올리면 어떡합니까? 우리 집에 햇빛이 들어오지 않잖아요?"

"내 집 내 맘대로 높이 짓는데 무슨 상관이에요? 이건 내 자유예요!"

"그래요? 나한테도 인간답게 살 권리가 있어요. 당신이 뭔데 내 권리를 침해해요?"

양쪽 모두 자신의 권리를 주장하는 경우, 이럴 때는 어떻게 국민의 권리를 보장해줘야 할까?

이처럼 서로의 권리만 주장하다 보면 다른 사람들에게 피해를 줄 수도 있어. 이런 경우 국가는 국민의 권리를 보장해주면서 갈등을 중재하고 해결해

주어야 할 의무가 있어. 그래서 헌법에 〈기본권 보장의 한계〉를 밝히고 법으로 이러한 경우를 규제하고 있지.

국민의 기본권은 절대적인 것이 아니라 국가안전보장・질서유지, 또는 공공복리를 위해 필요한 경우에 한하여 법률을 근거로 강제로 제한할 수 있어. 도로 한가운데에 누워있는 사람을 강제로 길밖으로 나오게 할 수 있고, 아무리 자기의 건물이라도 이웃에게 피해가 갈 정도로 건물을 높이 올리지 못하게 막을 수 있다는 거야. 하지만 이런 경우에도 국민의 자유와 권리에 대한 본질적인 내용은 침해할 수 없단다.

"주민동의 없는 재개발로 강제철거 할 수 없다! 생존권을 보장하라!"

혹시 길을 가다 이런 말이 쓰여 있는 현수막을 본 적 있니? 낙후된 지역의 건물을 허물고 새로운 아파트단지나 건물, 도로, 공원 등을 만들기로 결정된 곳에서 개발을 반대하는 사람들이 농성을 벌이는 일들이 종종 있어. 정부에서 결정한 사항이지만 이를 반대하는 사람들이 있는 거지. 그 중에는 이주를 할 만한 형편이 못되는 사람들도 있어. 하시만 대부분 국가의 방침을 강제로 따를 수밖에 없어.

헌법의 〈기본권 보장의 한계〉에 관한 조항에는 개인 재산권의 내용과 한계는 법률로 정하도록 되어 있어. 국가에서는 재개발 결정을 내리기 전에 먼저 주민의 의견을 물어 다수의 동의를 얻어야 하고, 일단 결정이 나면 반대하는 소수는 다수의 결정에 따라야 하고, 국가는 피해가 최소화되도록 최선의 조치를 취해야 해. 공공의 필요에 의해 개인의 재산권을 제한하거나 개인의 재산을 사용 또는 수용하는 때에는 정당한 보상을 해야 하거든.

하지만 국가가 국민의 기본권을 완전히 제한하는 경우도 있어. 전쟁이 일어나거나 혹은 그와 동등한 수준의 혼란이 예상되는 경우, 국가에서는 비상계엄령이나 국가긴급상태를 선포할 수 있는데, 이런 경우에는 국민의 자유와 권리를 잠정적으로 제한할 수 있단다. 이러한 명령을 내릴 수 있는 권한은 대통령만이 가지고 있어. 하지만 국민의 기본권을 제한하는 이런 상황은 절대 좋은 일이 아니란다.

3 균형을 위한 강제와 견제

4) 국민의 의무

　민주주의 국가에서 국민은 엄연한 나라의 주인이잖아. 그런만큼 국민들에게도 지켜야 할 의무가 있어. 참다운 자유란 책임과 의무를 다하는 가운데 보장되는 것이기 때문이지.
　헌법에는 국민들이 지켜야 할 여섯 가지 기본의무를 제시하고 있어. 이 의무를 다하지 않는다면 그 사람이 가지고 있는 기본권도 제한받는 거야.

① **납세의 의무**

　모든 국민이 세금을 내는 의무를 말해. 한 가정에도 가계를 꾸려갈 돈이 필요하듯 국가도 나라 살림을 하기 위해서는 돈이 필요하거든. 국민들이 낸 세금으로 그 비용을 충당하는 거야. 솔직히 세금을 내라고 하면 뭔가 손해 보는 것 같은 느낌이 들 거야. 열심히 일해서 번 돈의 일부를 그냥 가져가는 것 같거든. 게다가 버는 돈은 똑같은데 내야 할 세금이 오르면 여간 속상한게 아니란다. 부모님이 세금고지서를 보고 속상해하는 이유도 직접적으로 혜택을 받는 것도 아닌데 많은 세금을 내야 한다고 느끼기 때문이야.

하지만 국가는 국민들의 세금으로 엄청 많은 일들을 한단다. 세금을 관리하는 국세청에서는 세금의 종류를 국세와 지방세로 구분하지. 국세로는 국방을 지키기 위한 비용, 사회시설물을 짓고 고치는 등의 비용, 국가행정이나 외교를 위해 필요한 비용을 지출한단다. 좀더 자세하게는 국민들을 위한 사회간접자본, 즉 도로·항만·공항·철도 등의 교통시설, 전기·통신·상하수도·댐·공업단지 등의 건설, 자연보호와 법과 교육제도를 운용하는 돈을 충당한단다.

지방세로는 지역경제발전, 시설관리, 교육, 복지와 보건위생 등을 위한 비용을 지출하고, 지방자치단체에서 해당지역의 교통시설을 만들고 관리하며, 지역주민들을 위한 복리후생 시설을 만들거나 복지사업 등을 하고 있어.

세금으로 하는 일들이 우리에겐 당연한 것처럼 느껴질 수 있지만 사실 어마어마한 돈이 들어간단다.

② **국방의 의무**

국방이란 다른 나라의 침략에 대비하고 맞선다는 뜻으로, 국방의 의무는 모든 국민이 국가를 안전하게 지켜야 할 의무를 말해.

이 중 가장 중요한 하나가 군대에 가는 거야. 그렇다고 군대에 가는 것만 국방의 의무를 다하는 것은 아니야. 국가에서는 나라의 안전을 위태롭게 하는 반국가활동을 규제하는 법률을 만들어놓았는데, 이러한 법률을 지키는 것도 국방의 의무를 다하는 것이라 할 수 있어. 이 또한 국가의 안전과 국민의 생존 및 자유를 확보하는 것을 목적으로 하니까 말이야.

③ **교육의 의무**

대한민국은 초등교육 6년과 중등교육 3년을 의무교육으로 정했어. 이 기간 동안 대한민국 국민 누구나 무료로 교육을 받을 수 있는 권리가 바로 교육의 의무야.

최근 불법체류를 하고 있는 이주노동자의 자녀들에게도 중학교까지 의무교육을 보장하는 법령이 통과되었어. 이에 대해 찬반논쟁이 많았지만 모든 아동은 교육을 받을 권리가 있다는 '유엔 아동권리에 관한 협약'에 근거해 법령을 바꾼 거야. 불법체류의 책임은 부모에게 있는 것이지 아이들에게 있는 것이 아니잖아? 그러니까 대한민국 땅에 거주하는 한 불법체류 아이들도 차별 없이 의무교육을 받을 수 있다는 거야.

④ **근로의 의무**

　근로의 의무는 개인의 풍요로운 삶을 영위하고 국가의 발전을 위해서 일을 해야 한다는 것으로, 권리인 동시에 의무이기도 하단다.

　일에는 육체적인 노동뿐만이 아니라 사무나 행정, 교육, 금융관리 등과 같은 정신적인 노동도 포함된단다.

　국민들이 근로의 의무를 다하도록 하기 위해서는 정부에서 일자리를 창출하고 제공하는 노력이 있어야겠지? 그래서 불경기로 일자리가 줄어드는 어려운 때에는 창업이나 일자리 창출을 돕는 정부의 사업이 많아지는 거란다.

⑤ **환경보전의 의무**

최근 들어 환경문제가 국가만의 문제가 아니라 국민 모두가 함께 해결해야 할 중요한 문제로 대두되면서 모두가 깨끗한 환경을 지키기 위해 노력해야 할 의무가 생겼어. 이것이 바로 환경보전의 의무야.

환경보전의 의무는 전 세계 모든 사람들에게 부여된 의무야. 너희가 학교 급식을 맛있게 먹고, 음식물 쓰레기를 남기지 않고, 교실과 자기 주변을 깨끗이 하는 것도 국민의 의무를 실천하는 거야. 어때, 매일 대한민국 국민으로서 그 의무를 다하고 있다 생각하니 뿌듯하지 않니?

⑥ 공공복리에 적합한 재산권 행사의 의무

개인의 재산권 행사가 공공의 이익과 공공의 복지에 해를 끼치지 않도록 하는 의무로 자기의 재산이라도 다른 사람의 이익이나 행복을 침해할 수 없도록 개인의 재산권 행사에 한계를 지우는 거지. 한 사람이 재산을 모으기까지는 개인의 노력만이 아니라 이미 마련된 사회의 여건이나 공공의 노력이 바탕이 되었기 때문에 그의 재산을 사용하거나 처분하고자 할 때, 또는 그 재산으로 수익을 얻고자 할 때에는 개인의 이익보다는 공공의 이익을 우선해야 한다는 거야.

이러한 의무를 단순히 내 돈을 마음대로 쓰지 못하게 하는 것으로 이해해서는 안 돼. 예를 들어볼까? 몇 년 전에 어떤 사람이 자신의 땅을 통행로로 사용하고 있다며 그동안 그 길을 사용한 통행료를 지급하고 자신의 재산을 돌려달라고 소송을 냈어. 이때 대법원은 재산권에 대한 배상은 받을 수 있어도 통행로를 폐쇄할 수는 없다는 판결을 내렸어. 그 이유는 만약 통행로가 폐쇄된다면 새로운 통행로를 만들어야 하고, 그에 해당하는 큰 비용의 발생으로 공공기관의 피해가 극심하다는 거였어. 따라서 땅을 소유한 사람이 자신의 재산인 통행로를 막고 그 땅을 자신의 재산으로 되돌리고자 하는 행위는 "재산권 행사는 공공복리에 저합하게 이뤄져야 한다는 원칙에 반하는 권리남용으로, 원고의 토지 인도 청구는 허용될 수 없다."고 판결을 내린 거야.

4 한국의 정치 기관

4 한국의 정치 기관

1) 국가를 대표하는 대통령

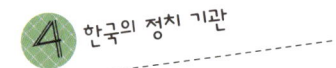

　대통령은 행정부와 국군의 최고 지위를 가지고 있어. 그렇다고 마음대로 나라의 일을 결정할 수는 없어. 대통령이라도 헌법이 정하는 바에 따라야 하거든. 그렇지만 국가의 안전이 위협받거나 사회질서가 혼란하다고 판단될 때에는 대통령이 비상명령을 내려 국가의 일을 진두지휘할 수 있단다. 또 법률로 정하기 어려운 사안이 생겼을 경우에는 법을 대신해 필요한 사항을 집행하도록 지시하고 감독할 수 있어.

　대통령이 하는 일을 좀더 자세히 알아볼까?

① 대통령의 책임과 의무

　대통령에게는 국가를 대표해 국가의 독립과 영토를 지켜야 할 책임과 의무가 있어. 국가에 어려운 일이 생겼을 때 국가와 국민을 지키고 평화적 통일을 위해 성실하게 노력해야 할 의무가 있단다. 또한 대통령의 직무를 이행하면서 다른 일을 해서는 안 됨은 물론 헌법을 준수하고, 국민의 자유와 권리를 증진하며, 민족문화를 창달할 의무가 있어.

　글로는 몇 줄 안 되는 대통령의 책임과 의무이지만 실천하면 얼마나 많은 일들을 해야 할까? 이제 대통령이 무척 바쁜 것이 이해가 되지?

② **대통령의 권한**

대통령은 국가원수로서의 지위와 행정부 수장으로서의 지위를 겸하고 있단다. 그렇기 때문에 대통령에게는 책임과 의무만이 아니라 다음과 같은 권한이 주어진단다. 물론 이런 권한을 발휘할 때에는 국가의 권익을 최우선으로 생각해야 하는 건 당연한 일이지.

✸ 국가를 대표해서 외국과 조약을 체결할 수 있으며, 우리나라의 외교사절을 외국에 파견하거나 외국의 사절을 받을 수 있다.

✸ 공식적으로 전쟁의 시작을 알리는 선전포고를 할 수 있다.

✸ 국가에 위태로운 상황이 생길 경우 긴급조치 명령을 내릴 수 있으며, 경제적인 사안에 대한 긴급재정, 경제 처분 및 명령권이나 국가 안보를 위해 군을 통솔하는 계엄선포권, 헌법을 지키지 않는 정당의 해산을 명령할 수 있다.

✸ 국가를 대표해 입법, 사법, 행정 각 부의 정치적 사안을 조정할 수 있다. 국회에 임시 회의를 열 수 있고, 국회에서 정해진 법률안을 공포하거나 국회 다수파가 마음대로 법률을 통과시키는 것을 막기 위해 법률안을 거부할 수도 있다.

✸ 헌법을 바꾸거나 국가의 중요한 정책을 국민에게 직접 물어보는 국민투표 실시를 결정할 수 있다.

✸ 대법원장, 대법관, 국무총리, 감사원장, 헌법재판소장, 헌법재판관 세 명, 중앙선거관리위원 세 명을 지명하거나 임명할 수 있다.

③ **대통령의 특권**

대통령은 내란 또는 외환의 죄를 제외하고는 임기 중에 형사상의 죄를 묻지 않는단다. 이것은 대통령의 특별한 지위를 보장함으로써 국가를 대표하는 사람으로서 권위있는 대우를 받을 수 있도록 하고, 임기 중 자신의 직무를 성실하게 수행할 수 있도록 하는 것이지. 이것을 대통령의 '불소추특권'이라고 한단다.

하지만 임기가 끝나고 나면 형사상의 책임을 물을 수 있단다.

④ 대통령과 함께 하는 주요 기관

　간혹 TV 드라마를 보면 "대통령 비서실에서 왔습니다." 하면서 까만 양복을 입은 사람들이 나오잖아? 대통령이 거주하는 청와대에는 대통령을 돕는 여러 부서의 사람들이 함께한단다.

🌼 **비서실**: 대통령의 직속기관으로, 국민의 의견을 모아 대통령에게 이야기하고 정책을 내놓아 대통령이 통치를 잘하도록 돕는단다. 대통령과 직접 의견을 주고받는 사람들이라 할 수 있지. 국가의 고위 공직자들이 청렴하게 자신의 일을 해나갈 수 있도록 관리하고 나라의 중요한 일을 맡을 인재를 발굴하는 일도 한단다. 또한 대통령을 대신해 대통령의 업무와 정부정책을 나라 안팎에 알리는 일도 맡고 있지. 국정기획수석, 정무수석, 민정수석, 외교안보수석, 홍보수석, 경제수석, 미래전략수석, 교육문화수석, 고용복지수석 등의 9개의 전문분야가 있고 각각의 수석을 두고 있단다.

🌼 **국가안보실**: 국가안보에 관한 대통령의 직무를 보좌하는 대한민국 중앙행정기관이야. 외교·안보·통일정책을 총괄하는 부서로, 남북관계를 회복하고, 북한으로부터의 무력도발을 방어함으로써 지속가능한 평화를 유지하기 위한 부서란다.

🌼 **경호실**: 대통령과 청와대를 안전하게 지키는 임무를 수행하는 곳으로, 대통령과 그 가족을 보호할 뿐만 아니라 우리나라를 방문한 외국의 국가원수를 지키는 등 나라 안팎의 중요한 사람들을 안전하게 보호하는 일을 한단다.

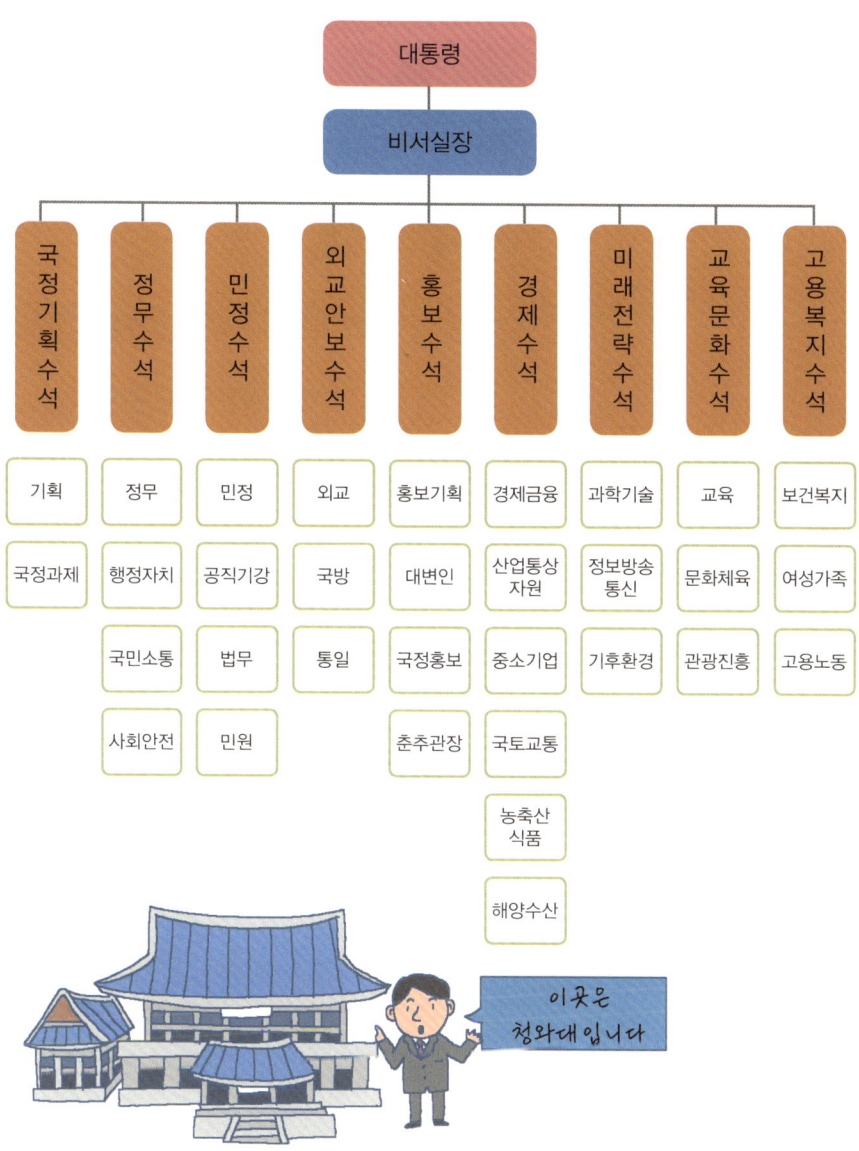

대통령 비서실 조직도

4 한국의 정치 기관

2) 국가를 운영하는 행정부

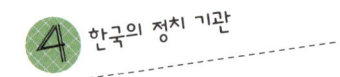

◆ 중앙행정기관

행정부는 법률을 집행해 국가를 운영하는 정치기관으로, 대통령이 행정부의 대표이자 가장 높은 지위를 가지고 있지. 행정부는 3개의 '처', 17개의 '부', 17개의 '청'으로 구성되어 있어.

3개의 '처'에서 하는 일은 다음과 같단다.

① 국가보훈처

국가유공자 및 그 유족에 대한 보훈, 제대군인의 보상·보호 및 군인보험에 관한 사무를 담당하는 곳으로, 국무총리 산하 중앙행정기관이란다. 독립유공자와 고엽제 후유증을 앓는 환자, 반공귀순상이자도 국가보훈처에서 관리하는 보훈대상에 포함된단다.

산하단체로는 4·19 국립묘지, 한국보훈복리공단 및 한국보훈병원, 국립보

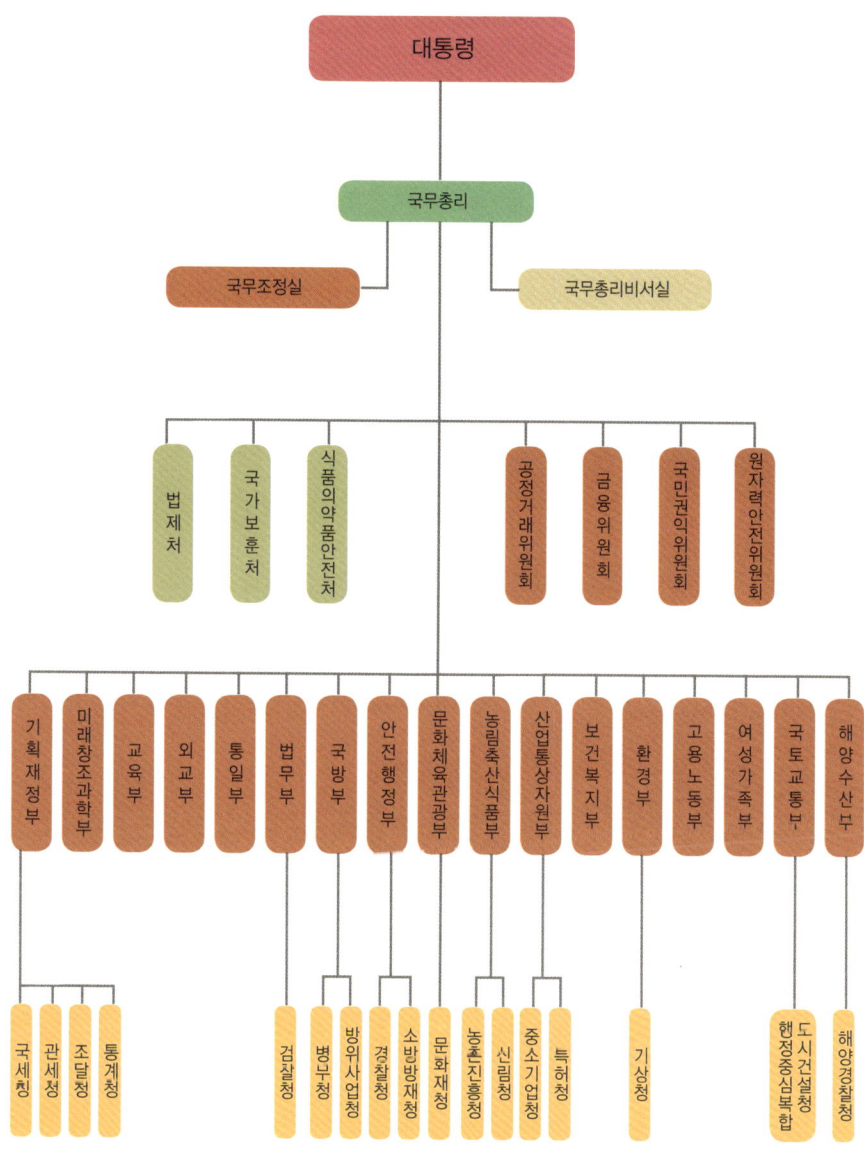

대한민국 정부 조직도

훈원 등이 있단다.

② **법제처**

　국가의 법체계적 기반 확립을 위해 행정 각 부서의 입법활동을 지원하는 행정기관으로, 국무총리 산하의 행정기관이란다. 이곳에서는 국무회의에 상정될 법령안과 총리령안의 심사와 기타 법제에 관한 사무를 관장하고 있어. 또한 입법 과정에서 각 부처간 이견이 있을 때 주요 쟁점을 파악하여 이견을 조정하기도 한단다.

③ 식품의약품안전처

보건복지부 산하 행정기관으로 식품, 의약품, 화장품, 의료기기, 영·유아 제품의 안전관리 등 음식과 의약품에 관한 안전규제, 농축수산물 위생·안전 관리 정책, 의약품 및 마약류 관리, 의료기기 정책수립, 상습적·고의적 범죄 행위 발굴 및 조사 등의 업무를 하고 있단다.

다음으로 '부'에 대해 알아볼까?

① 기획재정부

경제정책과 예산 및 세제 등을 총괄하는 행정기관이야. 국가의 살림을 알뜰하게 꾸려가기 위한 계획을 세우고 살림에 쓰이는 돈을 거두기 위한 곳이라 할 수 있지. 부모님이 가계부를 쓰고 통장을 관리하고 세금을 내고 저축을 하는 등 가정살림을 꾸리는 것이 매우 복잡하게 보일 거야. 한 집안을 꾸리는 것도 힘든데 나라 전체의 살림을 한 곳에서 관장한다고 생각해봐. 머리가 시끈거리지?

기획재정부에서 담당하는 일들은 그 가짓수도 많을 뿐만이 아니라 매우 복잡하단다. 매년, 매분기마다 경제정책 방향을 수립하고 예산을 배분하기 위한 전략을 세우고, 배분된 예산의 성과를 평가하며, 조세정책 및 조세제도를 기획, 입안하는 것 등의 방대한 업무를 맡고 있단다.

② **미래창조과학부**

2013년 새정부 출범과 함께 새롭게 설립된 행정기관으로, 과학기술과 정보통신기술의 융합을 통해 창조경제를 이끈다는 뜻을 가지고 있지. 현대사회와 앞으로의 사회가 요구하는 새로운 지식과 기술의 계발은 물론 창의적 인력양성을 위한 교육에 힘써 세계를 주도할 수 있는 대한민국을 건설하는 데 앞장서는 부서라 할 수 있어.

③ **교육부**

국민의 교육을 담당하는 부서로, 입시제도를 만들고 발표하는 기관이야. 교육에 관한 중장기 발전계획의 수립, 초·중등학교 교육제도 및 입학제도의 개선, 고등교육 기본정책의 수립 및 시행, 공교육 정상화 정책의 수립 및 시행, 지방교육자치제도 기본정책의 수립 및 제도 개선, 인재개발 정책의 기획 및 총괄 등을 비롯한 학교교육과 평생교육, 인적자원 개발정책 및 학술에 관한 일 등 대한민국에서 일어나는 모든 교육활동을 총괄하고 있지.

④ 외교부

대한민국 국민은 누구나 다른 나라에서도 권익을 보호받을 수 있도록 제반 업무를 수행하는 곳이야. 따라서 외교정책의 수립 및 시행, 경제외교 및 국제경제협력 외교, 조약 및 재외동포 정책의 수립 등 대한민국의 외교와 관련한 사무를 관장하고 있단다.

⑤ 통일부

통일 및 남북 대화·교류·협력에 관한 종합적 기본정책을 수립하는 곳으로, 통일과 관련된 교육을 담당한단다. 물론 판문점에서의 남북대화도 이곳의 업무야. 남북통일의 염원을 담아 만든 기관으로 다른 국가에는 없는 대한민국만의 특별한 행정부서인 셈이지.

⑥ 법무부

검찰, 행형, 출입국관리사무, 보호처분 및 보안관찰처분의 관리와 집행을 담당하는 곳이야. 법무행정뿐만이 아니라 청소년의 보호와 보호관찰도 이곳에서 담당하고 있으며 국적의 이탈과 회복, 귀화 등 외국인의 국내 이주와 관련된 일도 처리하고 있단다. 또한 다문화가정이나 이주노동자들의 입국과 국적관리도 담당하고 있지.

⑦ **국방부**

국방에 관한 제반업무를 수행하는 중앙행정기관으로, 국가 보위, 군 지휘, 군 개혁안 마련 등의 일을 한단다. 대한민국의 씩씩한 육군, 공군, 해군에 관련된 업무를 처리하는 거야. 입대 등의 병무행정에 관한 사무를 보는 병무청도 국방부에 소속된 기관이야.

⑧ 안전행정부

대한민국의 안전과 재난에 관한 정책을 처리하는 곳으로, 정책과 법령 및 조약을 공포하고, 정부조직을 관리하고, 지방자치제도의 사무를 관장하는 행정기관이야.

⑨ 문화체육관광부

문화예술의 발전과 체육·관광진흥을 위해 국정홍보, 전통문화 보전·계승, 문화관광산업 육성, 체육 진흥 등의 업무를 보는 곳이란다. TV 드라마나 도서 등에서 '문화체육관광부의 지원을 받았습니다'라는 글을 본 적 있니? 문화사업의 지원 또한 문화체육관광부의 중요한 일이란다.

⑩ 농림축산식품부

농산물과 축산물 관리, 식량과 농지를 다스리고, 식품산업을 진흥시키고 농촌개발 및 농산물 유통 등에 관한 사무를 관장하는 기관이야. 칭칭소고기나 유기농식품 등과 관련된 문제들이 생긴다면 이곳에서 가장 먼저 관여하겠지?

⑪ 산업통상자원부

국가의 산업, 통상 및 사원과 관련한 사무를 관장하는 곳으로, 상업·무역·공업·통상, 산업기술 연구개발정책, 에너지·지하자원 등에 관한 사무를 보고 있지.

⑫ 보건복지부

보건위생과 생활보호, 사회보장 등에 관한 업무를 하는 곳이야. 세부적으로 보육을 지원하고, 일자리 창출을 선도하고 행복한 노후를 위한 국가적 지원체제를 구축하고, 복지 사각지대를 해소하고, 장애인의 행복한 삶을 지원하고, 건강한 삶을 위한 보건의료 체계를 개혁하는 일을 한단다. 너희가 알고 있는 건강보험이나 의료분쟁과 관련된 일이나 각종 사회복지사업도 이곳에서 처리하지.

⑬ 환경부

환경오염으로부터 국토를 보전하여 국민들이 보다 쾌적한 자연, 맑은 물

과 깨끗한 공기 속에서 생활할 수 있도록 환경보전과 관련한 다양한 기본계획 및 중장기종합 계획의 수립과 집행, 환경교육과 홍보를 함으로써 지구환경 보전에도 기여하여 하나뿐인 지구를 보전하려고 노력한단다.

⑭ **고용노동부**

근로와 고용관련 업무를 총괄하는 곳으로, 근로조건의 기준을 만들고, 노사관계의 갈등을 조정하고, 연령 차별금지, 고령자 고용촉진, 남녀 고용평등, 최저임금제 등 고용정책과 노동전반 등에 관한 사무를 수행한단다. 노사 간에 문제가 생겼을 경우 가장 먼저 그 일을 알릴 수 있는 곳이 바로 고용노동부에 소속된 기관들이야.

⑮ **여성가족부**

여성과 청소년을 위한 정책을 총괄하는 곳으로, 여성정책 기획·종합, 여성인력의 개발, 청소년 활동증진·역량개발 및 보호, 다문화가족의 사회통

합 지원·양육·부양 등 가족기능의 지원, 성폭력·성매매 예방 등의 일을 한단다. 전국의 시, 군, 구에 있는 다문화가정지원센터, 너희에게 고민이 생겼을 때 상담을 받을 수 있는 청소년상담센터도 여성가족부에 소속된 기관이야.

⑯ 국토교통부

국가의 영토와 관련된 정책과 법을 운용하는 기관이야. 국토종합계획의 수립과 조정, 국토 및 수자원의 보전·이용 및 개발, 지방중추도시를 육성해 지역균형 발전, 환경과 조화되는 국토관리, 도시·도로 및 주택의 건설, 해안·하천 및 간척, 육운·철도 및 항공 등에 관한 일을 한단다.

⑰ 해양수산부

해양자원 개발 및 해양과학기술 진흥, 해운업 육성 및 항만 건설과 운영, 해양환경 보전 및 연안관리, 수산자원 관리와 수산업 진흥 및 어촌 개발, 선박·선원의 관리 및 해양안전 심판 등의 일을 한단다.

'부'의 하위부서로는 17개의 청이 있는데, 국세청, 관세청, 조달청, 통계청, 검찰청, 병무청, 방위사업청, 경찰청, 소방방재청, 문화재청, 농촌진흥청, 산림청, 중소기업청, 특허청, 기상청, 행정중심복합도시건설청, 해양경찰청 등이 있단다.

🔶 지방행정기관

중앙행정기관 외에 전국에는 지방행정기관이 행정업무를 맡고 있어. 지방행정기관은 지방자치단체의 지위를 지니면서 동시에 중앙정부의 사무를 위임받아 중앙정부의 기능을 담당하지.

대한민국은 전국의 시, 군, 구에 '청' 단위의 지방행정기관을 두고 있으며, 각 청의 장을 국민들이 직접 뽑는 제도를 도입하고 있단다.

🔶 공공기관

공공기관이란 넓은 의미에서는 공적인 이익을 목적으로 하는 기관을 뜻하지만, 좁은 의미에서는 정부의 투자·출자 또는 정부의 재정지원 등으로 설립·운영되는 기관을 말한단다.

 '공공기관의 운영에 관한 법률'에 따라 지정되는 공공기관에서는 국가의 지원을 받으며, 나라의 중요한 수익업무를 처리하며 이익을 창출하거나 학술적인 연구를 수행하거나 또는 전문집단으로서 국가의 정책에 반영할 수 있는 중요한 의견을 제안할 의무가 있어.

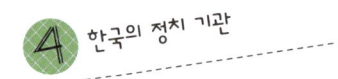
4 한국의 정치 기관

3) 국가의 법을 집행하는 사법부

　사법부의 역할을 하는 법원에서는 법을 집행한단다. 모여 살려면 질서가 필요하고, 이 질서를 지키기 위해 규범을 만든단다. 규범 중에서 반드시 지켜야 할 것들을 법으로 정해 법을 어겼을 시에는 벌금을 무는 것과 같은 경제적 불이익과 구금이나 처벌 같은 신체적 불이익을 받도록 강제력을 발휘해 법을 집행하는 곳이 법원이야.

　법원이 벌금이나 구금을 결정하는 것과 같이 무시무시한 일만 하는 것은 아니야. 다투는 사람들이나 법을 위반한 사람들이 서로 양보하고 타협하도록 조정과 화해를 권하기도 한단다. 법원의 본래 목적은 모든 사람들이 인간다운 생활을 할 수 있도록 자유와 권리를 보장하는 것이니까.

　그런데 말이야, 법원이 특별한 힘을 가지지 못하고 외부세력에 의해 좌지우지 된다면 어떻게 될까? 공정한 판결과 처벌을 할 수 있을까? 그래서 법원은 행정부와 입법부 같은 다른 정치기관의 지휘나 명령, 외부의 압력이나 간

섭을 받지 않는 독립된 권한과 지위를 가지고 있단다. 헌법에는 이러한 사법부의 독립권을 보장하며 '법관은 헌법과 법률에 의하여 그 양심에 따라 독립하여 심판한다.(헌법 제 103조)'라고 정해놓았지. 여기서 '헌법과 법률에 의하여'라고 쓰인 곳에 밑줄을 그어야겠다. 법원은 헌법에 따라 모든 법적 분쟁을 심판하지.

대한민국 법원

 **재판**

재판은 단독판사나 3인의 법관으로 구성된 합의체로 진행되는데, 재판의 과정과 판결은 공개하는 것을 원칙으로 해. 하지만 국가의 안전보장·안녕, 질서 또는 선량한 풍속을 해할 우려가 있을 때에는 재판의 과정을 공개하지 않으나, 이 경우에도 판결은 공개해야 해.

주의할 점, 법정에서 재판장면을 녹화하거나 사진을 찍을 수는 없단다.

① 일반인도 재판의 판결에 참여하는 국민참여재판

그동안 재판의 판결은 전적으로 법관이 담당해왔지만 2008년 1월 1일부터 국민참여재판이 시행되면서 일반 국민도 배심원의 자격으로 형사재판에 참여할 수 있게 되었어.

국민참여재판이란 배심원들이 죄의 유무를 판결하는 '배심제'와 일반인이 법관과 합의체를 구성하여 죄를 판결하는 '참심제'의 양 요소를 우리나라 실정에 맞게 적절히 수정·보완한 독자적인 제도란다.

만 20세 이상의 대한민국 국민으로 해당 법원 관할구역에 거주하는 주민들 중에서 선정되며, 배심원의 유·무죄에 대한 판결은 권고적 효력을 지닐 뿐 법적인 구속력은 없단다.

② 판결에 응할 수 없을 때는 상소신청

법관이 판결을 내릴 때에는 공정함을 기해야 하지만 결과를 받아들이는 입장에서는 그 판결이 정당하지 않다고 생각할 수 있잖아? 이럴 때에는 재판의 당사자에게 상급법원의 재판을 받을 기회를 주는데, 이것을 상소라고 해.

상소는 재판의 확정을 미루고 사건 자체를 상급법원으로 옮겨 재판을 받고, 상급법원인 고등법원의 판결도 받아들이지 못할 경우에는 최종적으로 대법원에 상소할 수 있지. 이처럼 하급법원의 재판 정정을 위한 것이 상소란다.

③ 정의로운 재판을 위한 원칙과 제도

🌟 **공개재판주의**: 공정한 재판을 하기 위해 재판과정을 국민에게 공개해야 하는 원칙이야. 하지만 재판을 받는 사람이나 단체의 인권을 보호하기 위해 비밀이 보장되어야 할 때나 국가의 안전보장과 관계된 심각한 사항을 다룰 때에는 비공개로 재판을 진행한다.

🌟 **증거재판주의**: 판사가 죄의 유무를 판단할 때는 그 사실을 증명할 수 있는 확실한 증거가 있어야 해. 이런 제도를 마련한 것은 법관의 개인적인 판단이나 강제자백에 의해 유죄가 선고되는 불이익을 막기 위해서야.

🌟 **일사부재리의 원칙**: 어떤 사건에 대해 한번 판결을 내리면 그 사건에 대해서는 또다시 재판하지 않는다는 원칙이야. 동생하고 싸웠거나 숙제를 제시간에 끝내지 못해서 벌을 받았다고 생각해보자. 엄마한테 꾸중을 들었는데 또다시 아빠가 같은 일로 벌을 세운다면 억울하지 않겠어? 마찬가지로 죄를 지어 법적인 처분을 받았는데 같은 사건으로 두 번 이상 처벌을 받지 않도록

법칙을 세운 것이 일사부재리의 원칙이야.

🌟 **심급제도**: 공정한 판결을 위해 급이 다른 지방법원, 고등법원, 대법원의 순으로 판결이 진행되며, 이렇게 3번까지 재판을 받을 수 있어 '3심제도'라고 부르기도 한단다.

🔶 법원의 종류

법원에는 대법원, 고등법원, 지방법원, 특허법원, 가정법원, 행정법원 등이 있어. 그 중 대법원, 고등법원, 지방법원은 일반법원에 해당되고 나머지는 전문법원이야.

대법원이 가장 높은 지위를 갖고 있는 상급법원이고, 그 다음은 고등법원, 다음으로는 지방법원의 순으로 급수가 분류된단다. 법원에도 지위가 있다니 놀랍지 않니?

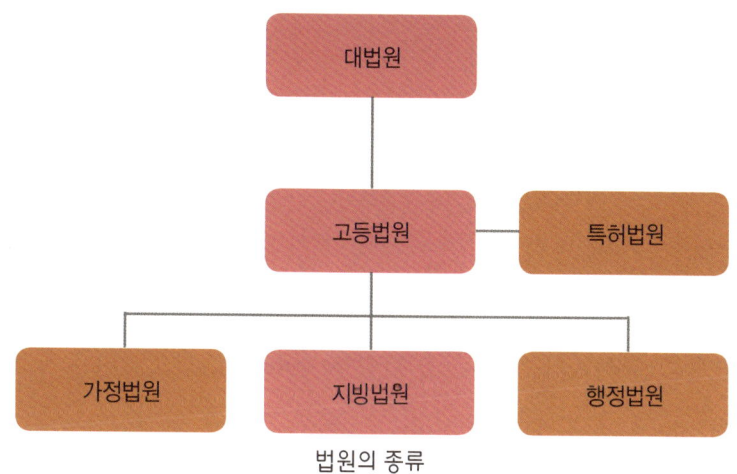

법원의 종류

① 대법원

법원의 최고기관으로, 헌법에 명시된 바와 같이 독립된 기관으로써 그 역할을 하고 있지. 대법원에는 대법원장을 포함한 14인의 법관이 최종판결을 맡고 있단다.

② 고등법원

고등법원은 주요 시 단위로 설치되어 있는데, 그 밑으로 지방법원들이 소속되어 있단다. 고등법원에서는 지방법원이나 가정법원, 또는 행정법원 제1심의 판결·결정·명령에 대한 항소 또는 항고사건을 심판하지. 고등법원의 판사는 이곳에서만 근무하는데, 이것은 고등법원의 판결이 공정하고 전문성이 확보되도록 하기 위함이라고 해.

③ 지방법원

고등법원 아래에 있는 법원으로 민사 및 형사사건을 제1심으로 재판하는 법원이야. 민사사건은 개인 간의 분쟁사건으로 금전채무를 충실하게 이행하지 못했거나 불법행위로 인한 손해배상, 소유권·전세권 등의 권리 또는 사실의 확인소송, 이혼·파양 등의 신분에 관한 소송이 진행된단다.

반면 형사사건은 살인죄·절도죄 등과 같이 형법의 적용을 받는 사건을 말해. 보통의 경우 단독의 판사가 판결을 내리지만, 합의심판을 필요로 할 경우에는 3명의 판사가 판결을 내리기도 해.

④ 전문법원

특별한 사안이나 사건을 재판하기 위해 설립된 법원을 말해. 전문법원 중 특허법원은 고등법원과 동급의 지위를 가지고 있으며, 가정법원과 행정법원은 지방법원과 동급의 지위를 가지는 법원이야.

* **특허법원**: 특허권, 실용신안권, 디자인권, 상표권 등을 둘러싼 분쟁에 관한 판결을 내리는 법원으로, 고등법원과 동등한 지위를 갖고 있단다. 특허법원에는 자연과학이나 공학을 전공한 기술심리관을 전문 기술분야별로 배치하여 재판부의 이해와 판단을 보조하도록 하고 있어.
* **가정법원**: 이혼이나 폭력 등의 가사사건과 소년보호사건을 관장하는 법원으로, 지방법원과 동급이야. 가정법원에는 가사조정사건을 다루기 위해 판사 외에도 정신과의사·심리학자 등의 조정위원회와 필요한 사항을 조사하는 조사관이 있단다.
* **행정법원**: 조세, 토지수용, 근로, 일반행정 등의 사건을 심판하는 지방법원급의 기관이야. 행정법원이 설치되지 않은 지역의 행정사건은 해당지역의 지방법원에서 맡게 된단다.

재판의 종류

① **민사재판**

   일상생활에서 생기는 재산적 권리나 법률관계에 대한 분쟁에 관한 재판을 말해. 재판을 원하는 사람은 법원에 소장을 제출하고 상대방에게도 이 사실을 알려야 해. 피고가 되는 사람이 소장을 받고 답변서를 제출하면 재판장은 답변서와 사건의 기록을 검토하여 재판의 방향을 결정하고, 당사자들과 만나 무엇으로 다툼이 일어났는지를 파악하지. 그런 다음 각자의 주장을 서면으로 제출하고, 주장을 뒷받침하는 증거를 제출하도록 시간을 주지. 이 기간 동안 재판장은 다툼을 해결하고 화해를 권하지만 원활하게 해결되지 못할 경우 최종적으로 재판을 하게 된단다.

② **형사재판**

법에 위배되는 범죄행위를 저지른 피고인에 대하여 유·무죄를 가리고, 유죄로 인정되는 경우 형벌을 과하는 재판이야. TV에 나오는 범죄 수사 드라마의 재판과정은 대부분 형사재판에 해당된단다.

형사재판을 위한 소송절차는 검사가 구속영장을 청구하면 심사를 거쳐 구속영장을 발부하는 '기소 전 단계'와 재판을 열어 변론과 판결, 선고까지를 말하는 '기소 후 단계'가 있어.

만약 검사가 신청한 구속영장이 심사에서 기각되면 피의자는 무죄가 되고, 반대로 구속영장이 발부되면 피의자의 신분으로 재판에 임해야 하지. 피고인이 범죄를 부인할 경우에는 증거조사를 실시하지만 범죄사실을 인정할 경우에는 간이공판절차회부, 피고인 신문, 최종변론(검사, 변호인, 피고인), 변론종결, 선고의 단계를 거치게 된단다.

기소 전과 기소 후의 절차를 마치고 선고된 판결에 대하여 불복하는 경우, 판결의 선고일부터 7일 이내에 상소를 제기할 수 있단다.

③ **가사, 소년, 가정보호재판**

가사재판은 가족 및 친족 간의 분쟁사건에 대한 재판이고, 소년보호재판은 19세 미만 소년의 범죄사건 등에 대한 보호처분을 심사하는 재판이야. 가정보호재판은 가정폭력사건에 대하여 보호처분을 하는 재판이지.

✿ 가사재판: 결혼, 이혼, 친생자관계존부확인, 이혼 등으로 인해 손해배상청

구, 상속포기, 재산분할, 자녀의 양육, 상속재산분할 등의 분쟁을 재판하지. 이를 해결하는 방법으로는 재판에 의한 판결, 심판이나 조정이 있어. 이혼이나 이혼으로 인한 손해배상청구, 자녀양육, 상속재산의 분할청구와 같은 사건은 재판 전에 조정을 거치는 것을 원칙으로 한다.

🌟 **소년보호재판**: 가정법원의 소년부 또는 지방법원 소년부에서 담당하는 재판으로, 소년부 판사는 소년의 범행, 환경 등을 조사한 다음, 그 조사보고 등에 기초하여 판결의 방향을 결정하게 되지.

소년보호처분에는 보호자에게 감호위탁하는 처분, 수강명령·사회봉사명령, 보호관찰관의 보호관찰을 받도록 하는 처분, 소년보호시설·병원·소년원 등에 위탁하는 처분 등이 있고, 이들 처분을 함께 내리는 것도 가능하단다. 하지만 소년보호처분은 소년의 장래 신상에는 아무런 영향을 미치지 않는 것을 원칙으로 한다. 어린 시절 한때의 문제가 성인이 된 후에까지 영향을 미쳐서는 안 되기 때문이야.

🌟 **가정보호재판**: 배우자, 직계존·비속 등 가정구성원 사이에 신체적, 정신적 또는 재산상 피해를 수반하는 가정폭력행위가 발생한 경우 법원의 재판을 받도록 하는 거야. 이는 가정폭력범죄로 파괴된 가정의 평화와 안정을 회복하고 건강한 가정을 육성하는 것을 목적으로 하는 것이지.

가정법원은 피해자 보호가 필요하다고 판단되는 경우에는 가해자에게 집에서 나가라는 명령을 내리거나 피해자의 집에서 100m 이내로는 접근하지 못하도록 명령을 내릴 수 있어. 가정보호재판을 통해 가해자가 피해자에게 접근하는 행위를 제한하는 처분, 사회봉사명령·수강명령, 보호관찰처분, 감호위탁, 치료위탁 및 상담위탁처분 등을 내릴 수 있고, 친권자인 부모가 가해자인 경우 피해자에 대한 친권을 제한할 수도 있단다.

④ **행정재판**

　행정청이 행한 위법 여부에 대한 다툼과 공법상 법률관계에 관한 다툼의 해결을 목적으로 하는 재판으로, 행정소송은 과세처분, 운전면허취소·정지처분, 산재보험급여 부지급처분, 공무원에 대한 징계처분, 각종 영업허가취소·정지처분, 각종 신청에 대한 거부처분 등 행정청의 처분 및 권력행위를 취소하도록 하거나 무효를 확인받기 위해서 이루어진단다. 일반 국민들이 국가의 정치행정상의 부당한 처분으로 인해 피해를 입었다고 판단되는 경우 이러한 행정재판을 소송할 수 있단다.

⑤ **특허재판**

특허재판은 특허권, 실용신안권, 디자인권, 상표권에 관한 취소여부를 가리는 재판을 말해. 특허심판원에서 이러한 재판을 담당하는데, 특허권 등록에 무효사유가 있는지를 가리고, 이미 특허권을 가진 사람의 권리를 다른 사람들이 침해하는지 등을 확인하게 된단다. 최근에 미국의 애플사에서 삼성전자가 자신들의 특허를 침해했다고 고소하는 사건을 예로 들 수 있지.

⑥ **파산, 회생절차**

빚을 진 채무자가 경제적 어려움으로 채무를 변제할 수 없거나 파탄상태에 직면한 경우, 채무자는 법원에 파산신청을 할 수 있어. 서울중앙지방법원을 비롯한 전국의 지방법원에 설치된 도산사건 담당재판부가 이러한 사건을 처리하고 있단다.

법원에서는 채무자가 빚을 갚을 능력이 없다고 판단되면 파산을 선고하는데, 이때 채무자가 낭비 또는 사기행위 등으로 파산에 이른 경우를 제외하고는 빚을 갚을 의무에서 벗어날 수 있단다.

회생은 법원의 감독 하에 채무에 관련된 사람들의 법률관계를 조정하고 채무자와 그의 사업이 다시 일어날 수 있도록 도와주는 것을 목적으로 한단다.

⑦ **비송절차**

엄격한 의미에서 재판절차에는 속하지 않지만 법원이 개인의 사적 권리의 발생·변경·소멸에 관하여 후견적 입장에서 관여하는 절차를 비송사건 절차라고 한단다. 이러한 비송사건의 대표적인 예로는 등기, 가족관계등록, 공탁 등이 있어.

　좀 어렵지? 하나하나 풀어서 설명해볼까?

🌟 등기: 어떤 것에 대한 소유권을 기록하는 것으로 부동산등기, 상업등기, 선박등기, 법인등기, 동산·채권담보등기 등이 해당된단다. 등기업무는 지방법원, 지원 또는 등기소에서 담당하지.

✿ **가족관계등록**: 출생, 혼인, 입양, 인지, 사망 등 중요한 신분사항을 가족관계등록부에 기록하는 제도를 말해. 대법원에서 가족관계등록에 관한 사무를 관장하고 있지만 각종 신고의 처리 및 증명서 발급 등의 사무는 시(구)·읍·면장에게 위임하고 있지. 이름을 바꾸거나 이혼 등의 이유로 가족관계를 정정할 때는 반드시 법원의 허가를 받아야 한단다.

✿ **공탁**: 법령에서 정한 바에 따라 금전, 유가증권, 기타 물품 등을 은행이나 창고 등의 공탁소에 맡겨 놓음으로써 일정한 법률효과를 발생시키는 제도를 말해. 이러한 공탁업무도 지방법원이나 그 지원 및 시·군법원에서 처리하고 있지. 예를 들어, 빚을 갚으려고 해도 채권자가 이를 거부하는 경우 빚을 진 채무자가 변제할 물품이나 돈을 공탁소에 맡겨놓아 빚을 갚을 의무를 면하는 제도를 말하는 거야.

⑧ 헌법관련재판

법률의 위헌여부에 관한 종국적인 심사 권한은 헌법재판소에 있지만, 심사과정은 법원과 헌법재판소가 역할을 분담하고 있어. 즉 법률의 위헌여부를 재판하는 것은 해당사건을 담당하는 법원이 제청하는 거야. 또한 명령·규칙 또는 처분·행정기관의 조치가 헌법이나 법률에 위반되는지에 대해서는 대법원이 최종적인 심사 권한을 가지고 있지.

위헌 판결의 대표적인 사례는 1997년 동성동본 금혼 규정과 1999년 군대 가산점 제도, 그리고 2004년 신행정수도 이전 특별법 등이 해당된단다. 또한

1996년에는 국회의장이 야당의원들에게 본회의가 열리는 날짜와 시간을 가르쳐주지 않아 여당의원만 참석해 법률안을 통과시킨 사건이 있었는데, 이 사건은 야당의원에게 부여된 법률안 심의 표결권한을 침해한 것으로 헌법을 위배한 것으로 판결되었고, 이때 통과된 법률안도 무효처리 되었단다.

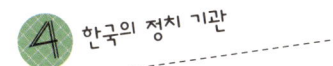
한국의 정치 기관

4) 국민의 대표가 법을 만드는 입법부

입법부는 정기적으로 국회의원 입법 및 기타 중요한 국가정책 결정에 참여하는 회의체 국가기관으로, 국민대표기관으로서의 지위, 입법기관으로서의 지위, 국정통제기관으로서의 지위, 국가최고기관으로서의 지위를 갖고 있단다.

◆ 국회와 국회의원

국민이 직접 뽑은 국민의 대표로 구성된 국회는 정치의 기본이 되는 법률을 만들고, 나라의 살림살이에 들어가는 비용을 점검하고, 외교와 국내의 정치적 중요한 사안들을 의결하는 일을 한단다.

국회의원은 만 25세 이상의 대한민국 국민이면 누구나 지원할 수 있단다. 임기는 4년이고, 선출되는 방법에 따라 지역구 국회의원과 비례대표 국회의원으로 나눌 수 있어.

지역구 국회의원은 지역구 투표에서 가장 많은 표를 얻어 당선된 사람을 말하고, 비례대표 국회의원은 지역구 국회의원 총선거에서 득표비율에 따라 정당별로 배분된 인원수만큼 각 정당에서 추천하여 당선된 사람들을 말해.

국회의원들은 정치적인 힘을 행사할 수 있도록 특별한 권리를 부여받는단다. 불체포특권은 국회의원이 현행범인 경우를 제외하고는 회기 중 국회의 동의 없이 체포 또는 구금할 수 없단다. 만약 회기 전에 체포 또는 구금된 경우에는 국회의 요구에 따라 석방될 수 있으며, 국회에서 직무상 행한 발언과 표결에 관하여 국회 외에서는 책임지지 않는다는 면책특권도 가지고 있단다.

하지만 이러한 특권이 주어지는 만큼 의무 또한 막중하단다. 국회의원은 겸직을 할 수 없고, 청렴하게 본분을 수행해야 하며, 무엇보다도 국가의 이익을 우선으로 해야 하고, 자신의 지위를 남용할 수 없는 헌법상의 의무를 갖고 있단다. 또 국회의원으로서의 품위를 유지하고, 국회의 본회의와 위원회에 출석해야 하며, 국회와 관련된 법령 및 규칙을 준수해야 하는 국회법상의 의무를 가지고 있지.

국회의원은 번쩍이는 배지를 가슴에 달고 뽐내는 벼슬이 아니라 국민을 대표해 국민들의 권익이 국가의 정치에 반영되도록 최선을 다해야 하는 봉사직이라 볼 수 있어. 너희가 학급이나 학교의 학생들을 대표하는 회장을 맡았을 때에도 마찬가지란다.

국회 본회의 및 회의 원칙

국회 본회의는 국회의 의사를 최종적으로 결정하는 회의야. 본회의는 재적의원 전원으로 구성되지만, 헌법과 법률에 관한 경우를 제외하고는 재적의원 5분의 1 이상이 출석하면 회의를 열 수 있어.

회의의 안건은 재적의원 과반수의 출석과 출석의원 과반수의 찬성으로 결정된단다. 긴급하게 처리해야 할 안건이 있거나 국가의 중요사안으로 제기된 안건에 대해서는 중요도에 따라 침석인원과 동의인원이 따로 정해져 있어.

안건으로 다룰 수 있는 내용들로는 국회의원 자격상실 또는 제명, 대통령의 탄핵소추안, 헌법개정안, 해임결의안, 계엄해제요구, 국회의장 및 부의장

선거 등 매우 다양하단다.

    또한 본회의는 대통령의 예산안, 시정연설, 각 교섭단체의 대표연설 및 대정부질문 등 국가의 정치전반에 대한 토론의 장이 되기도 하지.

    국회의 본회의를 진행할 때에는 반드시 지켜야 하는 원칙이 있어. 회의 내용의 공개와 안건을 다루는 것이지.

✿ **회의공개 원칙**: 안건을 처리하는 회의과정을 공개해야 한다는 원칙이야. 누구든 회의를 방청할 자유가 있으며 회의기록을 공식적으로 발표하거나 보도할 수 있단다.

✿ **회기계속 원칙**: 회기 중 결정되지 않은 안건을 폐기하지 않고 다음 회기로 넘겨 계속 안건을 심의할 수 있는 원칙이야. 이러한 원칙을 두는 이유는 회의가 열릴 때에만 단발성으로 안건을 다루는 것이 아니라 심의가 계속됨으로써 처리 효율성을 높여 일관성 있는 정치를 하도록 하기 위함이야.

✿ **일사부재의 원칙**: 한 회의에서 부결된 안건은 같은 회기 중에 다시 발의 또는 제출하지 못하도록 하는 원칙이야. 이미 결정된 안건을 다시 다루는 것은 회의의 원활한 운영을 방해할 수 있기 때문이지. 학급회의 중이나 수업 도중 어떤 아이가 같은 말을 반복해서 주장한다면 더 이상 진도를 나갈 수 없을 것이고, 학급회의는 더 중요한 안건들을 결정하기 어렵겠지? 국회도 마찬가지야. 그래서 이런 원칙을 적용하는 거지.

국회의 권한 및 활동

① **입법에 관한 권한**

국회에서는 헌법이나 법률의 개정, 조약 체결의 동의권을 갖고 있어. 헌법이나 법률의 개정은 규정된 개정절차에 따라 특정조항을 수정·삭제하거나 새로운 조항을 추가하여 법의 형식이나 내용을 변경하는 것인데, 이것이 국회의 가장 중요한 권한이야.

또한 조약의 체결 또는 해지하는 것에 대해 동의권을 행사하는 것도 중요한 권한이야. 상호원조 또는 안전보장에 관한 조약, 중요한 국제조직에 관한 조약, 우호통상항해조약, 주권의 제약에 관한 조약, 강화조약, 국가나 국민에게 중대한 재정적 부담을 지우는 조약 또는 입법사항에 관한 조약의 체결·비준에 대한 동의권도 가지고 있어.

국회는 매년 9월 1일에 정기집회를 열고, 100일 이내에 다음 연도의 예산안을 심의·확정하며, 법률안 및 기타·안건을 처리하고, 국정에 관한 교섭단체대표연설 및 대정부질문 등을 실시하지.

정기집회 외에도 임시회의를 열 수 있어. 임시회의는 대통령 또는 국회재적의원 4분의 1 이상의 요구가 있을 때나 재적의원 4분의 1 이상이 국정조사를 요구할 때 열 수 있으며, 회의 시작일로부터 30일 이내에 마쳐야 하고, 회의를 열게 된 주요 현안에 대하여 정부의 설명을 듣고 대책을 논의하는 거란다.

② 재정에 관한 권한

국회는 국가의 세입과 세출에 관한 예산과 결산을 심의하는데, 세금에 대한 국민들의 부담을 덜기 위해 예산결정 과정에 국민의 의사를 반영하는 것이 중요하지. 조세의 종목이나 세금의 비율도 정해진 법에 따라야 하는데, 이러한 법률안을 심의하는 것도 국회의 일이야.

국가가 특정한 목적을 위해서 세입세출의 예산에 근거하지 않고도 운용할

수 있는 자금이 있는데, 이를 '기금'이라고 해. 국회는 기금을 운용하기 위한 계획안을 결산 또한 심사하는 권한을 가지고 있어. 이외에도 정부가 예산에 포함되어 있지 않은 자금을 지출하거나 국가가 빚을 지거나 비용이 들어가는 계약을 맺어야 할 때에도 국회의 동의를 얻어야 하지. 한마디로 국가를 운영하기 위해 들이는 비용은 국회의 동의를 얻어야 지출할 수 있는 거야.

③ 일반국정에 관한 권한

국회는 일반적인 정치활동에 대해서도 특별한 권한을 가지고 있단다. 다음의 권한을 살펴볼까?

❋ **국정감사·조사권**: 국가의 정치활동을 조사하여 잘못된 부분을 적발하고 시정하도록 요구할 수 있는 권한이야. 국회에서 통과된 입법안이나 예산안이 제대로 실행되고 있는지 조사하고 있단다.

❋ **헌법기관 구성권**: 대법원장, 헌법재판소장, 국무총리, 감사원장, 대법관 등을 임명하는 것에 동의권을 행사할 수 있어. 또 헌법재판소 재판관 3인과 중앙선거관리위원회 위원 3인을 선출할 수 있는 권한을 가지고 있지.

❋ **탄핵소추권**: 대통령, 국무총리 및 행정 각 부의 장관 등 직무집행에 있어서 헌법이나 법률을 위배한 때에는 그들의 해임을 의결할 수 있어.

❋ 대통령이 가지고 있는 권한에 대해서도 국회가 영향력을 행사할 수 있지. 아무리 대통령이라도 국회의 승인을 얻지 못하면 효력을 갖지 못한단다.

❋ **국무총리 국무위원 해임건의권**: 국무총리·국무위원의 직무집행상의 위법

행위는 물론 정치적으로 무능하거나 정책의 과오를 저지른 경우 해임을 건의할 수 있어.

✺ **국무총리·국무위원 정부위원 출석요구권 및 질문권:** TV에서 국회의원 청문회를 본 적 있지? 그렇게 할 수 있는 건 국회가 정책을 수행하는 국무총리·국무위원 또는 정부위원들에게 국회에 출석하여 정치적으로 중요한 질문의 답을 요구할 수 있는 권한이 있기 때문이야.

④ 외교에 관한 권한

외국 의회의 주요 인사를 공식 초청하거나 외국에 방문하여 협력을 강화하고 외교현안문제 해결을 위해 이해를 증진하고 교류를 꾀하는 외교활동을 할 수 있어. 뿐만 아니라 국제회의에 참석하거나 이를 개최하는 의회를 열어 연설을 하거나 토론 또는 투표에 참가할 수 있단다. 국회의원도 외교관 못지않은 외교활동을 펼치고 있는 거지.

🔺 국회의 구성

국회도 체계적인 조직으로 구성되어 있어. 국회의 최고 책임자인 국회의장 밑으로 국회부의장과 상임위원회, 국회사무처, 국회도서관, 국회예산정책처, 국회입법조사처를 두고 있어.

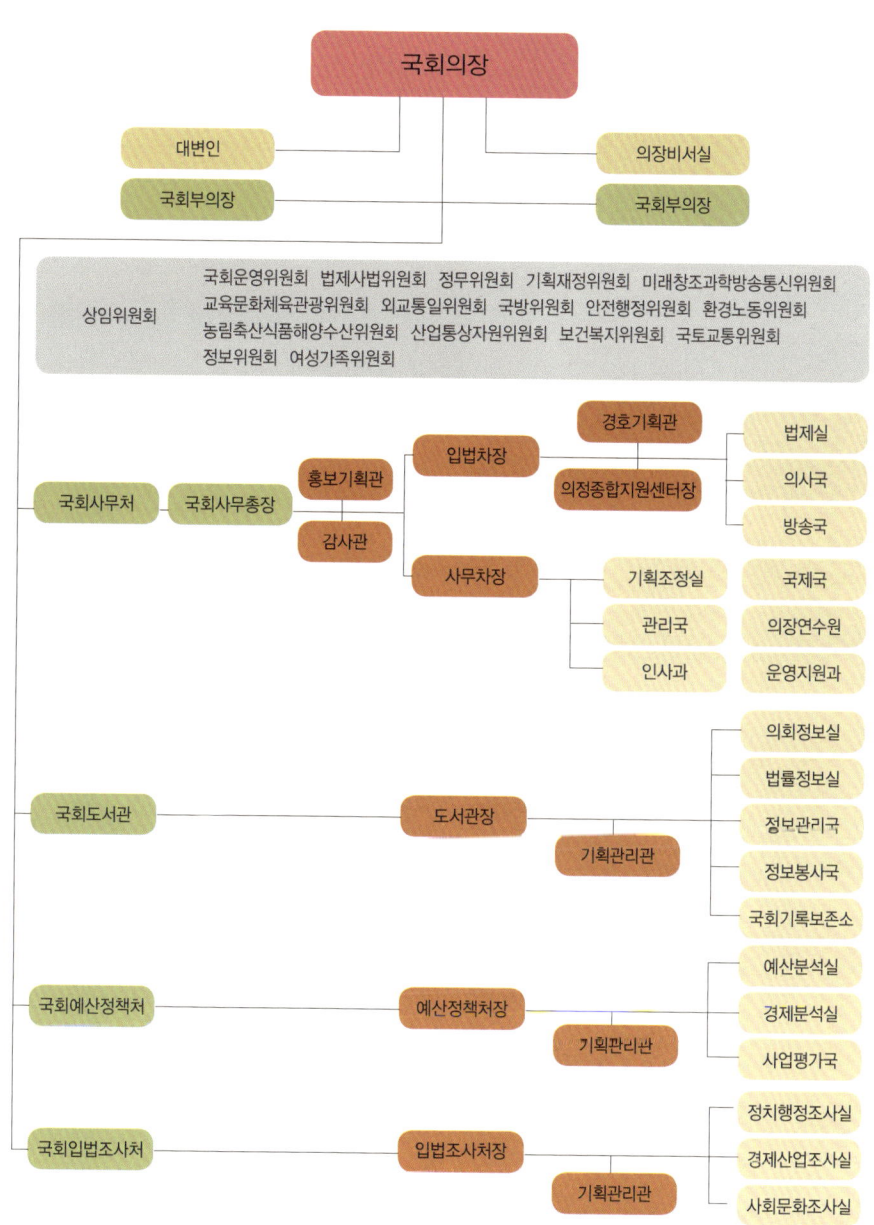

5 국민들의 정치 참여

5 국민들의 정치 참여

1) 선거 참여

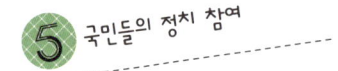

선거는 국민들이 정치에 참여하는 가장 강력한 방법이야. 국민을 대신해 정치할 사람을 뽑는 일이기 때문이지. 정치를 잘 이끌 사람을 뽑는 일은 매우 중요해. 자칫 무능력한 사람을 뽑았다가는 나라가 혼란스러울 수도 있거든. 따라서 선거에 참여하지 않는 것은 국민의 권리를 포기하는 것이나 마찬가지야.

◆ 선거의 기능

① 대표자 선출

선거의 가장 중요한 기능은 국민을 대신하여 정치를 이끌 대표자를 선출하는 것이야. 이것은 민주주의 구현을 위한 최선의 방법인 셈이지. 국민들은 선거를 통해 국회, 대통령, 지방자치단체의 대표를 선출하고 임명함으로써 국가기구를 조직할 수 있는 거야.

② 민주적 정당성 부여

공정하고 투명한 선거를 통해 국가 정치의 최고 책임자와 입법자를 선출함으로써 민주적 정당성을 부여하게 되지. 이는 곧 민주주의 구조에서 국민의 주권 행사의 과정으로 국가권력의 정당성이 국민의 정치적 합의에 근거하는 것이란다.

③ 정치적 통합

선거는 국민의 의사를 하나로 모아 그 결과에 따르고 대립과 갈등을 해결하도록 하는 정치적 통합기능을 수행하고 있어. 즉, 선거를 통해 권력을 잡은 사람들이 국가 정책을 수행함으로써 평화적인 정권교체를 가능하게 하는 거지.

④ 정치적 통제

국민의 대표로서 제 역할을 수행하지 못한 사람들이 정권을 유지하지 못하도록 다음 선서에서 다른 정당의 사람들을 선출함으로써 정치적 통제력을 가지도록 한단다.

⑤ 정치적 참여

선거의 후보자나 정당이 선거운동을 하는 동안 국민들은 그들이 제시한 정책과 공약에 대하여 알 수 있으며, 투표권을 행사함으로써 국민의 정치 참여를 실현할 수 있단다.

🔶 선거의 종류

국민이 참여하는 선거로는 대통령선거, 국회의원선거, 지방선거 등이 있으며, 이외에도 당선자가 불법선거를 통해 당선되었거나 선거과정에 문제가 있어 법원에서 당선 무효판결을 내렸을 경우 다시 뽑는 재선거, 임기중에 사고를 당하거나 그만두었을 경우에 치르는 보궐선거 등으로 나눌 수 있어.

대통령 선거는 5년의 임기만료일 전 70일 이후 첫 번째 수요일에 치르게 되고, 국회의원 선거는 4년의 임기만료일 전 50일 이후 첫 번째 수요일, 지방

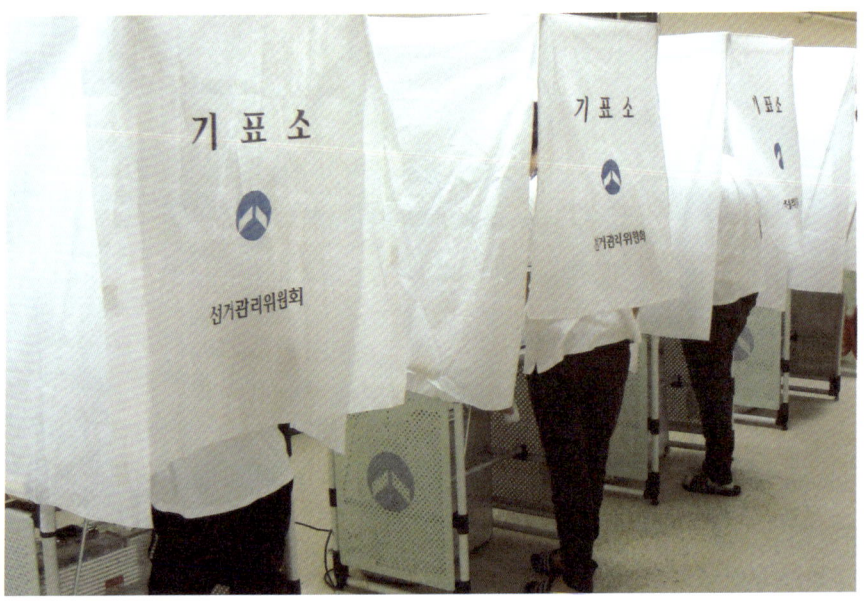

의회의원, 지방자치단체장 및 교육감을 뽑는 지방선거는 4년의 임기만료일 전 30일 이후 첫 번째 수요일에 치르게 된단다.

선거의 후보가 되려면 국회의원은 만 25세 이상, 대통령은 만 40세 이상, 시도의원은 만 25세 이상이 되어야 하며, 후보로 나온 지역에서 60일 이상 거주해야 한단다.

선거방식으로는 국민이 직접 투표를 해서 뽑는 직접선거와 국민을 대신할 사람이 대표로 선거를 하는 간접선거로 나눌 수 있어. 군인이나 집에서 멀리 떨어져 다른 지역에서 일하는 사람, 병원이나 요양소에서 오랜 기간 머무는 사람들을 위해 자신의 주소지에 가지 않고 현재 머물고 있는 지역에서 편리하게 투표할 수 있도록 하는 부재자투표도 있단다.

◆ 선거의 원칙

현대의 모든 민주국가에서 선거의 4원칙은 보통·평등·직접·비밀 선거야. 대한민국의 헌법에서도 대통령선거나 국회의원선거를 치를 때 이러한 원칙에 따르도록 규정하고 있단다(41조 1항·67조 1항). 여기에 자유선거의 원칙을 덧붙여 선거의 5원칙이라고도 해.

① 보통선거

사회적 신분·교육·재산·인종·신앙·성별 등에 의한 제한 없이 선거일 현재 만 19세 이상의 모든 국민의 선거권을 인정하는 것을 말해. 오늘날에는 보통선거가 선거의 기본원칙으로 되어 있지만, 전 세계적으로 성별이나 신분에 의해 선거의 자격을 제한했던 불미스런 역사가 있었단다.

② 평등선거

모든 유권자에게 동등하게 1인 1표의 투표권을 인정하는 것을 말해. 대한민국 국민 누구나 자신의 1표를 정당하게 행사할 수 있다는 뜻이지.

③ 직접선거

유권자가 국민의 대표를 직접 투표하는 원칙으로, 국민의 의사와 직결되어 있다는 점에서 민주주의적인 선거제도라고 할 수 있어. 오늘날 여러 국가의 선거에서도 직접선거 제도를 채택하고 있단다.

④ 비밀선거

유권자가 어느 후보자를 선출하는지 알 수 없게 하는 것을 말해. 무기명 투표라는 말을 들어본 적 있지? 유권자의 신상을 공개하지 않는 무기명 투표는 자유로운 의사표현을 보장한다는 취지를 갖고 있단다.

⑤ 자유선거의 원칙

기본 4원칙에 추가되는 자유선거의 원칙이란 국민의 투표행위가 국가나 사회로부터의 강제나 부당한 압력의 행사 없이 이루어져야 하며, 유권자가 자유롭게 자신의 판단과 결정을 내릴 수 있어야 함을 의미한단다.

❋ 선거제도
① 선거구
    선거가 실시되는 단위지역으로, 선거의 종류에 따라 그 단위지역의 규모도 달라지며 단위지역 내 선거인단의 수도 달라진단다.

❋ 소선거구제: 한 선거구에서 1명의 대표자를 선출하는 방식으로, 1구 1인제라고도 해. 유권자가 여러 명의 후보자 중 1명에게만 투표함으로써 최고 득표자가 당선된단다.

❋ 중선거구제: 한 선거구에서 2~5명의 대표자를 선출하는 방식으로, 최고 득표의 순으로 당선자가 결정된단다.

❋ 대선거구제: 한 선거구당 2명에서 많게는 100명 이상의 대표를 선출하는 방식이야. 투표의 방식은 뽑아야 하는 대표의 수만큼 투표하는 완전연기기표제, 대표수의 일부만 투표하는 제한연기기표제, 또 1인만을 투표하는 단기기표제, 정당의 득표수에 비례하여 당선자수를 결정하는 비례대표제 등이 있단다.

② 선거의 형태
    선거의 형태는 여러 차례 변화를 겪어 왔단다. 여기서는 민주주의 다수결의 원칙을 준수하면서도 비합리적인 부분을 개선하고자 했던 제도를 살펴보도록 하자.

🌼 **다수대표제**: 다수표를 획득한 사람을 당선자로 정하는 제도를 말해. 선거구 내에 특정 정당을 지지하는 사람이 많은 경우, 그렇지 않은 정당은 불리하다는 단점이 있어.

🌼 **소수대표제**: 다수대표제를 채택했을 경우 소수의 의견을 무시할 수 있다는 단점을 보완하기 위해 소수 정당에게도 득표수에 해당하는 의원을 뽑을 수 있는 제도를 말해. 이 제도는 한 사람이 여러 명에게 투표할 수 있는 방법으로 소수의견을 존중한다는 장점이 있는 대신, 절차가 복잡하고 오히려 집권 여당에 소속된 여러 명의 후보자들을 동시에 당선시킬 수 있다는 단점이 있단다.

🌼 **비례대표제**: 2개 이상의 정당이 있는 경우 그들 정당의 득표수에 비례하여 당선자의 수를 공평하게 배정하는 선거제도를 말해. 이렇게 하면 다수를 차지하는 정당뿐만이 아니라 소수의 정당에서도 당선자를 뽑을 수 있어 국민들의 다양한 의견을 반영할 수 있지. 대한민국의 헌법에는 국회의원 선거에서 비례대표제를 채택하도록 규정하고 있단다(헌법 41조 3항).

🔶 공정한 선거를 돕는 중앙선거관리위원회

중앙선거관리위원회는 선거와 국민투표의 공정한 관리, 정당 및 정치자금에 관한 사무를 처리하기 위하여 설치된 국가기관으로 헌법에 의해 국회, 정부, 법원, 헌법재판소와 동등한 지위를 갖도록 보장하고 있어. 중앙선거관리위원회 위원은 특정 정당에 가입 또는 정치활동 및 정치 관여를 금지하여 중립성을 유지하고, 임기와 신분을 보장받음으로써 외부의 간섭과 영향을 받지 않고 공정한 업무처리를 원칙으로 하고 있지.

중앙선거관리위원회에서는 공직선거법에 규정된 대통령선거, 국회의원선거, 지방의회의원 및 지방자치단체의장선거를 관리하며 후보자등록을 시작으로 선거인명부작성 및 감독, 후보자등록, 선거운동관리, 투표 및 개표과정을 통해 당선인을 결정하는 일을 하고 있단다. 이외에도 유권자의 적극적인 참여가 이루어질 수 있도록 다양한 홍보활동을 전개하며 각종 토론회를

개최하여 공정하게 경쟁하고 국민들이 각 후보자의 정책을 올바로 비교하고 평가하여 선택할 수 있도록 선거관련 정보들을 신속하고 정확하게 전달하는 역할을 하고 있어.

또한 부정선거를 막기 위한 감시활동과 단속반을 운영하고, 선거법 위반 행위에 대해서는 시정 명령과 함께 과태료를 부과하고, 명령을 이행하지 않거나 공정한 선거를 해치는 행위에 대해서 고발 또는 수사를 의뢰할 수 있어. 선거비용의 제한금액을 결정하고 선거비용의 수입·지출내역과 정당의 정치자금을 조사하며 국민들의 투표과정 전반을 관리감독한단다.

중앙선거관리위원회는 국제기관과의 교류와 업무협약을 통해 세계 각국의 선거제도를 연구해 우리나라의 정치현실에 가장 적합한 정치제도를 마련하는 연구활동도 하고 있지. 뿐만 아니라 보다 신속하고 공정한 방법으로 선거결과를 알아내기 위한 전산시스템을 연구하고 개발하여 과학적인 선거구현을 위해 힘쓰고 있단다. 우리가 선거 당일 TV를 통해 실시간으로 각 후보자들의 득표율을 확인할 수 있는 것은 전산화된 투·개표 시스템 덕분이란다.

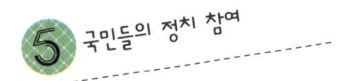

2) 단체에 소속한 정치 참여

 만약 학교의 회장·부회장이 학생들의 의견을 무시한 채 단독으로 일을 처리한다면 여기저기서 불만이 나오겠지? 내가 다니는 학교인데 학생들은 학교의 일처리에 대해 아무것도 모르고 또 학생들의 의견이 반영되지도 않는다며 말이야.

 민주주의 국가의 국민들도 마찬가지란다. 대표들에게만 정치를 맡겨놓을 수는 없단다. 그래서 여러 가지 방법을 통해 국민들이 정치에 직접 참여할 수 있는 방법을 만들어놓았지.

정당 활동

 정당은 정치에 뜻이 맞는 여러 사람들이 모여 집단을 이룬 것으로, 정당의 구성원이 바로 국민이며, 이를 통해 국민들이 직접 정치에 참여할 수 있단다.

 정당은 주장하는 정치적 뜻을 이루기 위해 권력을 얻는 것을 목표로 한단다. 정당의 힘은 국민들의 많은 지지를 통해서 얻게 되지. 그래서 국민 전체의 이익이나 많은 국민의 바람을 바탕으로 자신들이 성취해야 하는 약속을 만드는데, 이것을 '정강'이라고 해. 정강을 이루기 위한 구체적인 방침을 '정책'이라고 하지.

정당은 국회의원, 대통령, 지방자치단체장선거 등에 후보자들을 추천해 선거에서 승리하기 위해 온 힘을 다한단다. 본 정당의 후보가 선거에서 이기면 정책이나 법을 만들 때 더 유리하기 때문이지. 이를 통해 정치에 직접적인 영향력을 행사할 수 있거든. 또한 국민의 다양한 의견을 모아 정부에 전달해 정책에 반영하도록 하고, 텔레비전이나 신문 등 언론매체나 강연회, 집회 등을 통해 정치에 대한 국민의 관심을 높인단다.

여당과 야당이라는 말을 많이 들어봤지? 대통령 선거 후에 정권을 잡은 정당을 여당, 정권을 잡기 위해 노력하는 정당을 야당이라고 부른단다. 또 여당을 집권당이라고 부르기도 하는데, 2014년 현재 대한민국 정부의 집권당은 '새누리당'이란다.

5 국민들의 정치 참여

3) 이익집단과 시민단체 활동

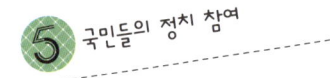

정당활동 외에도 이익집단이나 시민단체에서의 활동을 통해 국민들은 정치에 참여할 수 있단다. 이익집단과 시민단체는 이익을 추구하고, 보다 효과적인 의견 주장을 위해 조직화한다는 공통점을 지니고 있지만, 이익단체는 단체의 특수한 이익을 추구하는 반면 시민단체는 사회 공공의 이익을 추구한단다.

◆◆ 이익집단 활동

정당처럼 정권을 잡으려는 목적을 가지지는 않지만 특정한 이익을 이루고자 하는 사람들이 모여 만든 단체를 이익집단이라 부른단다. 이익집단은 집단의 이익을 위해 정책을 만드는 기관이나 사람에게 영향력을 행사한단다.

국민들은 이러한 이익집단에 소속되어 정치적 영향력을 행사함으로써 정치에 참여할 수 있어. 캠페인이나 홍보활동을 통해 사회분위기를 조성하여 자신들의 주장에 힘을 얻고자 한단다.

🌟 **사용자단체**: 사용자는 근로자를 고용해 이윤을 내는 개인이나 법인을 말하는 것으로 기업의 이익을 위해 활동하는 단체야. 매우 강력한 조직력과 자금력을 가지고 있단다. 대기업들의 조직인 전국경제인연합회(전경련), 한국경영자총협회(경총) 등이 대표적인 사용자 단체란다.

🌟 **노동자단체**: 근로자들이 자신의 이익을 보호하기 위해 만든 단체로, 근로의 자유를 보장하고 임금을 많이 받을 수 있도록 노력한단다. 전국민주노동자총연맹(민주노총)을 비롯한 노동조합이 대표적인 노동자단체인데, 회원으로 가입한 노동자들은 단체활동을 통해 정치적 영향력을 행사하곤 하지.

✸ **전문가단체**: 전문가들이 자신의 지위를 높이기 위해 함께 모인 단체야. 대한변호사협회, 대한의사협회, 대한간호사협회, 대한건축사협회 등 많은 전문가단체가 있단다.

시민단체 활동

일반 시민들이 모여 대표자를 뽑아 구성한 순수민간단체야. 공공의 이익을 먼저 생각하고, 정부와 기업의 활동을 감시하며 환경운동, 인권보호운동 등의 다양한 사회적인 문제해결을 위해 적극적으로 활동하는 비영리단체야.

정치를 바로잡기 위함을 목적으로 하는 시민단체들은 선거가 공정하게 이루어지는지 감시하고 국회의원들의 활동이나 국회에서 열리는 청문회 결과를 국민에게 홍보하기도 하고, 경제정책이 제대로 진행되는지, 예산을 낭비하지 않고 제대로 쓰는지, 기업은 경영윤리에 적합하게 운영되는지 등을 감시하고 잘못된 점을 폭로하기도 한단다. 교육의 개선을 주장하는 시민단체는 교육제도의 개편과 바람직한 교육환경을 마련하기 위한 방안을 모색하고 이러한 방안이 정치에 반영될 수 있도록 홍보활동을 하고 있지.

참여연대, 경제정의실천시민연합, 녹색교통운동, 환경운동연합, 한국의 재발견 등과 같은 단체들이 활발한 활동을 하고 있단다. 또 국내외를 오가며 활동하고 있는 국제적 규모의 시민단체로는 국경없는의사회, 그린피스, 월드비전, 해비타트, 국제사면위원회 등이 있단다.

6 외교와 국제정치

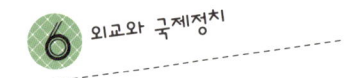

1) 국제정세의 변화와 외교정치

한 국가가 다른 국가와 교류를 맺는 것도 중요한 정치활동이란다. 다른 나라와의 관계에서 국가가 차지하는 지위는 곧 그 나라 국민이 다른 나라의 국민과 맺는 관계에서의 지위를 의미하기도 하거든.

과거 조선과 명나라의 관계를 생각해 보자. 조선의 왕은 명나라의 허락을 얻어야 왕으로서 인정받을 수 있었고, 명나라의 사신은 마치 자신이 조선의 왕보다 높은 지위에 있는 것처럼 무례한 행동을 일삼았지. 일제강점기 또한 마찬가지였어. 조선의 백성이 일본인에 의해 부당한 대우를 받아도 어쩔 수 없었어. 국가의 지위가 낮아 어찌할 방도가 없었거든.

현대사회에서도 외교는 국민들의 대외적인 지위를 가늠하게 하며 국제사회에서 국민들의 권익을 보호할 수 있는 중요한 정치적 행위야.

외교정치는 한 국가가 자신의 권리를 주장하는 것만이 아니란다. 변화하는 국제정세를 파악해 자국의 지위향상을 위해 어떻게 처신해야 하는지를 잘 판단해야 하지.

🔶 국제정세의 변화의 특징
① 국가의 경제력 강조

현재 국제사회는 경제력의 중요성이 그 어느 때보다도 강조되고 있어. 과거에는 군사력이 한 국가의 힘을 가늠하는 것이었다면 현대에는 세계적인 불황으로 인해 빈곤과 실업 등의 문제를 다룰 수 있는 경제력이 국가의 가장 중요한 힘이 되었어. 외국에서 대한민국 국민의 권익이 보호받기 위해서는 국내적으로는 경제 역량을 극대화하고, 대외적으로는 경제적 측면을 활용한 외교정책을 추진해야 하지. 이것이 바로 국가의 정치력인 거야.

② **국가들간의 상호협력**

과거에는 국가들간의 구도가 선진국과 후진국으로 구별되었어. 하지만 현재에는 중국을 비롯한 사회주의 국가들의 세계경제로의 편입과 신흥공업국가들이 급부상하면서 국제사회의 힘이 국가들의 경제적 상호협력을 기반으로 결성되고 있어.

한 국가가 외교를 펼치려면 국가간 이해관계를 바탕으로 국제사회에서의 국가간의 긴밀한 협력관계를 구축하는 것이 중요해졌어. 더 이상 편 가르기 식 외교가 통하지 않게 된 거야.

③ **국제기구의 기능 확대**

과거에는 강대국의 선두지위를 통해 국제사회의 질서 유지가 이루어졌다면 현재는 정치적인 평화 유지나 전쟁 방지를 주목적으로 하는 국제적인 지지를 얻을 수 있는 기구중심으로, 국제기구가 서로 유기적인 연관을 갖고 기능을 발휘함으로써 국제 질서가 이루어지고 있어.

한국이 국제사회에서 자국의 권리를 보호하고 주도적인 역할을 수행하려면 국제기구에 가입하여 스스로의 역할을 증대시켜야 하는 거야.

④ **비정부단체의 부각**

세계화와 정보화의 시대로 일컬어지는 현대사회는 국가의 범위를 넘어선 개인이 다양한 집단을 결성하여 지구환경과 과학기술, 인권, 전쟁 등의 문제를 거론하고 있으며, 비정부단체의 활동범위와 영향력이 확대됨으로써 이들의 주장은 단순한 의견을 넘어서 국가 정치에 영향력을 행사하고 있단다. 따라서 외교정치에서 국제적인 비정부단체들의 주장을 신중하게 고려하고 협력과 소통의 장을 만들어 유대관계를 돈독하게 만드는 것도 중요한 일이 되었단다.

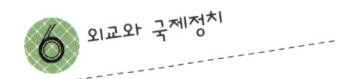

2) 국가의 외교정책을 수행하는 외교부

　외교부는 대한민국을 대표해 외교정치를 수행하는 정부기관이야. 외교, 조약, 대외경제, 재외국민보호, 국제정세 조사 및 대외홍보에 관한 사무를 관장하며, 국제정세의 변화에 적극 대처하여 복합외교를 펼친다는 목표아래 국민이 신뢰할 수 있는 안보외교, 세계공영에 기여하는 외교, 미래성장동력을 확보하는 외교, 국민에게 봉사하는 외교 등 4대 핵심 추진과제를 설정하고 그 임무를 수행하고 있단다.

🔶 외교부의 핵심 추진과제
① 국민이 신뢰할 수 있는 안보외교
　끊임없는 북한의 도발 위험을 고려해 한반도의 평화와 안정을 위해 북한과의 회담을 통해 비핵화를 조성하고, 일본의 역사 왜곡, 영토 분쟁 등에 강력히 대처하며 미국·중국·일본·러시아 등의 주변 국가들과 동맹관계를 유지해 정치적, 경제적 협력을 강화하기 위해 노력하고 있단다.

② **세계공영에 기여하는 외교**

　핵안보정상회의, 유엔 안보리비상임이사국 진출, 사이버안보 및 평화유지 활동을 강화하여 세계평화 증진에 힘쓰고 있어. 뿐만 아니라 한류를 지원하고 공공외교를 적극 추진하고 세계박람회의 유치 및 성공적 개최 지원을 통하여 매력국가 한국의 이미지를 확립하는 데 적극 활동하고 있단다.

③ **미래성장동력을 확보하는 외교**

　경제외교를 강화하여 미국, 유럽연합(EU) 등과 체결한 FTA가 원활하게

이행되도록 노력하는 한편, 중국, 일본, 인도네시아, 베트남 등과의 FTA 체결을 추진하고 있어. 더불어 에너지·자원 협력 및 녹색성장 외교를 강화하고 우리 기업의 해외 진출을 지원하기도 한단다.

④ 국민에게 봉사하는 외교

국민의 권익을 증진시켜 청년들의 해외진출을 지원하고 재외국민선거의 운영 및 미디어와 통신매체를 활용한 외교 사안의 홍보 등을 통해 국민과 함께 하는 외교를 실천하고 있어.

⑤ 복합외교

비정부단체들의 영향력이 커져가는 외교정세를 반영하여 외교부에서는 복합외교라는 새로운 전략을 세웠어. 이는 국가를 중심으로 안보와 경제통상에 집중했던 기존의 외교정치와 더불어 다양한 분야에서의 국가 이익을 증대시키는 것을 목표로 하는 전략이야. 이것은 곧 외교의 주체 및 대상이 정부에서 민간으로 확대됨은 물론 정부와 민간단체들의 협력 하에 외교정책을 펼치는 거야.

주요 외교활동

한국이 국제사회에서 권익을 보장받고 주요한 국제문제 해결에 주도적 역할을 수행할 수 있도록 다양한 외교활동을 펼치고 있단다. 현대사회에서 주된 이슈가 되는 외교활동을 다음과 같이 정리할 수 있어.

① 한반도의 평화유지를 위한 국제 협력

현재 북핵문제로 위협받고 있는 한반도의 평화는 외교의 가장 중요한 사안이라 할 수 있어. 1993년 북한이 핵확산방지조약(NPT) 탈퇴를 선언하면서 본격화된 북핵문제는 지금까지도 한반도의 평화를 위협하고 있어.

1994년 미·북 제네바 합의로 북한의 플루토늄 핵시설이 수년간 동결되었으나 2002년 북한의 우라늄 핵개발 의혹이 대두되고, 북한이 플루토늄 핵시설의 동결을 해제하면서 결국 제네바 합의는 폐기되었어.

2003년 한반도 비핵화 및 북한 핵문제 해결을 위해 한국·북한·미국·중국·일본·러시아가 참가하는 6자회담이 출범했으나 북한의 비협조로 2008년 12월을 마지막으로 중단되었지. 이후 북한의 핵보유가 사실로 확인되면서 국제사회를 불안하게 했으나 2012년 미·북 대화에서 북한의 비핵화 사전조치가 포함된 2·29 합의가 타결되었어. 하지만 여전히 북한의 핵문제는 한반도뿐만 아니라 세계 평화를 위협하고 있어.

이에 한국 정부는 북한에 대해 대화와 압박을 병행하는 투트랙 전략을 강화하겠다고 발표했어. 북한의 도발과 잘못된 행동에 대해서는 단호히 대응하되, 북한이 핵포기에 대한 진정성을 보여주면 우리도 그에 맞게 진지하게 대화에 임한다는 입장이야. 또한 6자회담을 함께했던 관련국들과의 협력을 바탕으로 북한의 비핵화를 실현하기 위해 계속 노력 중이야.

② **한국 영토와 올바른 역사의 주장**

요즘 가장 민감한 독도 문제에도 외교부가 적극 나서고 있단다. 독도가 대한민국 영토임을 당당히 주장하고, 한국과 일본 사이의 바다가 일본해가 아닌 동해임을 적극적으로 알리고 홍보함으로써 한국의 고유한 역사와 우리의 권리를 국제사회에 알리는 것이란다.

또한 중국의 역사왜곡에 대해서도 적극 대처하고 있단다. 사회과학원 산하 중국변강사지연구중심이 주축이 되어 2002년부터 2007년까지 5년간 시행한 동북변강 지역의 역사와 현상에 관한 일련의 연구 사업보고에서 고구려를 중국 고대 소수민족 지방정권으로 왜곡했어. 2004년 8월 한·중 외교차

관간 구두 양해사항 합의 이후 우리 정부의 시정 요청으로 왜곡된 고구려 역사의 많은 부분이 고쳐졌지만 아직도 수정해야 할 부분이 많단다. 이에 우리 정부는 왜곡된 역사에 대한 시정을 지속적으로 요청하고 있으며, 학술적 교류를 통해 왜곡된 역사를 바로잡고자 하고 있어.

이렇듯 외교는 정치적인 교류와 협력만 하는 것이 아니라 한국의 영토를 지키고 주장하고 홍보할 뿐만 아니라 국가에 대한 왜곡된 정보와 처후를 바로잡는 일도 하고 있단다.

③ 국제기구 활동

✹ **국제연합(UN) 가입 및 활동**: 국제연합, 즉 UN은 국제평화와 안전, 전쟁 방지를 위해 설립된 국제기구야. 주요활동으로 민족들의 평등권을 인정하고, 국가 간의 우호관계를 발전시키며, 경제·사회·문화적 및 인도적 성격의 국제문제를 해결하고, 모든 사람의 인권 및 기본적 자유를 존중해 국제협력을 증진하고 있어.

유엔 가입은 안전보장이사회의 권고에 따라 총회의 결정에 의하여 이루어지는데, 한국은 1991년 제46차 유엔총회에서 북한과 함께 가입했어.

유엔은 총회 이외에도 안전보장이사회, 경제사회이사회, 신탁통치이사회, 국제사법재판소 및 유엔사무국으로 구성되어 있으며, 국제사회에 미치는 영향력이 커지고 있단다. 특히 군축·환경·인권·개발 등 경제, 사회문제가 역점과제로 부상하면서 유엔 외교가 더욱 중요해졌단다.

2006년 10월 반기문 외교부장관이 제8대 유엔사무총장으로 임명되었고, 이후 연임을 하는 등 유엔에 대한 한국의 기여가 나날이 커지고 있어. 한국이 유엔의 비중 있는 국가로서 참여하는 것은 국제평화와 안전유지 및 인류 공동번영에 적극 참여하는 것과 동시에 국제사회에서 한국의 지위를 인정받으며 한국의 문제를 국제사회의 안건으로 상정할 수 있는 의미 있는 일이 되는 거야.

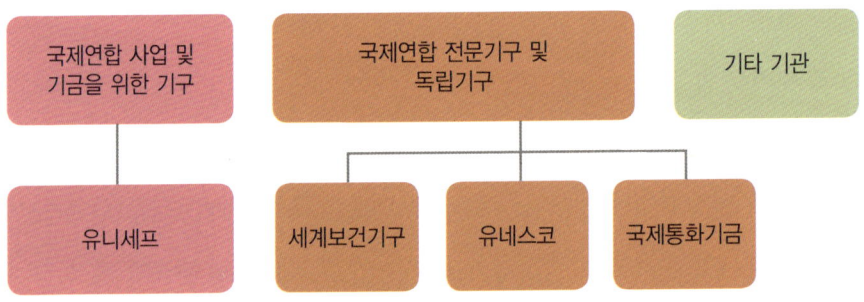

✿ 세계무역기구(WTO) 가입 및 활동: 국가간 경제분쟁에 관한 판결권을 가지며 판결을 이행하도록 강제력을 행사할 수 있는 힘을 가지고 있는 국제기구야. 스위스에 사무국을 두고 있으며, 총 159개국이 회원으로 가입되어 있어.

우리나라는 1967년 4월에 WTO의 전신인 관세 및 무역에 관한 일반협정 회원국이 되었으며, 1995년 1월 1일 WTO 출범과 함께 WTO 회원국으로써 WTO 분담금을 지불하고 있으며, 한국인 사무차장을 배출하는 등 단단한 역할을 하고 있단다.

🔆 경제협력개발기구(OECD) 가입 및 활동: 상호정책조정 및 협력을 통해 세세 경제의 발전과 복지를 도모하는 정부간 기구로, 개발도상국가들의 건전한 경제성장에 기여하고 세계무역의 확대에 기여하는 것을 목표로 하고 있어.

우리나라는 1996년 12월에 29번째 회원국으로 가입했으며, 유럽, 북미, 아시아 태평양 지역 등 국제경제 3대 지역의 선진국들이 참여해 범세계적인 문제들을 논의하고 회원국들의 정책을 검토하고 규범을 통해 문제해결의 압력을 행사함으로써 그 위상이 점점 더 높아지고 있지. 현재 한국을 포함한 34

개 국가가 회원으로 가입되어 있단다.

OECD에서는 정치, 경제, 사회, 문화, 교육 전반에 걸친 각 국의 현황을 비교검토하고 적절한 구조개혁의 방향을 제시하고, 경기변동, 국제무역과 국제투자, 다국적기업, 국제적 뇌물수수, 유해조세관행, 전자상거래, 유전자변형식품의 안전성 규제방안 등 국제적 주요 문제에 대한 공동대책을 강구하

고 있단다. 우리나라가 OECD 회원국으로서 외교적 활동을 전개하는 것은 국제사회에 영향력을 행사할 수 있는 주요 일원이 되는 동시에 국제적 현안들을 함께 해결해 나가는 동반자로서의 역할을 하는 거란다.

④ 국제협력기구 활동

이외에도 다양한 국제협력기구들이 국제사회에서 그 영향력을 증대시키고 있어. 한국이 가입한 주요 국제협력기구에 대해 알아보자.

✸ 아시아협력대화(ACD): 태국의 탁신 총리가 아시아 전체의 협력 달성을 위한 협의체를 주창함으로써 2002년 6월에 설립된 국제기구야. 현재 32개 회원국들이 모여 아시아가 국가적, 지역적 능력을 높이는데 일조하는 것을 목표로 지역 및 국제정세, 역내 협력증진 방안 등에 관해 외교장관간 의견을 교환하는 정책대화와 협력강화를 위해 분야별 선도국가를 지정하여 협력사업을 추진하는 회의를 구성하고 있어. 우리나라는 IT 협력 분야의 선도국가로 활동하고 있단다.

✸ 아시아태평양경제협력체(APEC): 아시아 태평양지역의 경제성장과 번영을 목표로 1989년 오스트레일리아 캔버라에서 우리나라를 포함한 12개

APEC

국의 각료회의로 출범한 기구야. 무역 및 투자 자유화, 경제협력, 비즈니스의 협력을 협의한단다.

🔅 아시아유럽정상회의(ASEM): 세계화를 바탕으로 유럽과 아시아간 협력강화를 위해 1996년에 출범되어 정치·경제·사회문화 등을 포괄하고 있단다. 2000년에는 서울에서 제3차 정상회의가 개최되었지. 현재 46개 국가가 회원으로 가입되어 있어.

🔅 G20 정상회의: 아시아 금융위기 이후 금융 외환 등의 국제적 위기 상황이 문제가 되면서 주요 선진국과 신흥국, 재무장관, 중앙은행 총재가 모여 세계 경제회의가 개최되었지. 2010년 제5차 G20 정상회의는 서울에서 개최되었단다.

G20 정상회의

🔅 ASEAN+3(동아시아 국가연합+한중일 삼국의 협력관계 증진): 동아시아 국가들 사이에 미국의 경제주도에 대응하여 국가 간 교역과 투자를 확대하여 아시아 경제권의 독자적 목소리

ASEAN+3

를 내야 한다는 여론이 확산되었어. 이에 1997년 12월 ASEAN은 창설 30주년 기념 정상회의에 한·중·일 3개국의 정상들을 초청하여 정상회의를 개최하면서 ASEAN+3 체제가 만들어졌지.

✸ **한·중·일 3국 협력:** 한·중·일 3국은 북핵 문제 등 불안정 요인이 있음을 인식하고 3국의 협력을 통해 세계평화와 안정, 번영에 기여할 것을 결의했으며, 정치·경제·문화·인적 교류 등 다양한 분야에서 정부간 협의체를 운영하고 있단다.

한·중·일 3국 협력

⑤ 공공외교와 문화외교

공공외교는 전통적인 외교방식에서 벗어나 예술, 지식, 미디어, 언어, 원조 등으로 다가가는 외교를 말해. 공공외교의 핵심은 외국인들의 마음을 사는 것이라 할 수 있으며, 이를 위해 대중과의 소통, 이해의 증진을 통해 국가이미지를 높이는 등의 외교적 노력을 하고 있지.

문화외교는 예술·철학·지식·정보 등 문화를 수단으로 하여 서로 다른 국가간 상호이해를 증진시키기 위한 공공외교의 하위개념으로, 문화외교를 위한 사업들은 외국과 양자간 문화협정을 체결하거나 문화공동위를 운영하고 유네스코와 같은 문화관련 국제기구의 활동에 참여하는 것 외에도 민간

문화예술단체의 해외공연을 지원하거나 정부초청 장학생을 유치하고 국제체육대회를 유치하는 등의 국제적 교류를 지원한단다.

또한 국제화 업무지원, 국제교류재단 관리감독, 해외사적지 관리 등 국제교류와 관련된 비영리단체들을 인가하고 관리하는 등 다양한 사업을 하고 있단다.

이러한 외교활동은 국가의 경쟁력과 문화적 경쟁력을 높여 대한민국의 브랜드 가치를 높이는 효과적인 방법이란다.

외교와 국제정치

3) 비정부기구와 외교

비정부기구를 지칭하는 NGO는 '국제적으로 연대 제휴해 활동을 전개하고 있는 민간조직'을 말해. 1991년 12월 프랑스 파리에서 국제 NGO 포럼이 개최된 이후 세계적으로 그 위상이 급부상했고, 1992년 6월 리우데자네이루에서 유엔환경개발회의(UNCED)와 함께 개최되었던 글로벌 포럼 이후 민간환경 단체를 의미하는 용어로 사용되고 있어.

미국 뉴욕에 본부를 두고 있는 NGO는 세계 1600여 개의 민간단체가 가입되어 있어. 그 중 대표적인 NGO 단체를 알아볼까?

✨ 국경없는의사회: 정치, 종교, 인

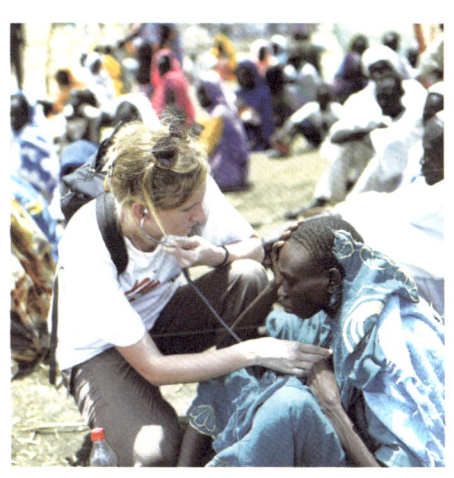

국경없는의사회 – 전쟁피해지역에서의 응급구호 활동을 벌이는 모습

종, 이념을 초월한 국제민간의료구호단체를 말해. 이들은 '중립, 공평, 자원'의 3대 원칙과 '정치, 종교, 경제적 권력으로부터의 자유'를 외치고 있지.

1972년 지진이 일어난 니카라과에서 구호활동을 벌인 것을 시작으로 1975년 베트남전쟁, 1990년 걸프전쟁에서는 60대의 전세기를 타고 현장으로 날아가 7개소의 난민 캠프를 설치하고 7만여 명의 난민을 구호했단다.

이들의 주된 활동은 응급구호를 요하는 지역과 전쟁피해지역에서 기본적인 치료, 수술, 병원과 진료소의 복구, 영양보급 및 공중위생프로그램 운영, 의료요원 교육 등을 하고 있단다. 이외에도 이라크가 화학무기를 살포했다는 사실과 1995년 르완다 양민대학살 사건을 폭로하는 등 정치적인 영향력을 행사하기도 했지.

✹ 그린피스: 지구의 환경을 보존하고 세계평화를 증진시키는 활동을 벌이는 단체야. 1971년 핵실험 반대시위를 하기 위해 미국 알래스카주 암치카 섬으로 항해를 떠났는데, 그들이 탄 소형 어선에 '그린피스'라고 쓰인 돛을 달아 유명해지면서 단체명이 됐단다.

그린피스는 환경보존과 세계평화에 위배되는 사안에 대한 반대활동이나 구호활동을 하는데, 이는 '활동이 없으면 변화가 없다'는 단체의 가치관 때문이라고 해. 초기에는 핵실험, 방사성폐기물 해양투기 같은 핵활동금지와 해양동물보호에 초점을 맞춰 활동했지만, 최근에는 기후변화 대응, 해양오염 방지, 세계 원시림 생태계 보호, 생물종의 다양성 유지 등과 관련된 활동에도 적극적으로 기여하고 있단다. 한국에도 그린피스 한국본부를 두고 있

그린피스 – 지구의 환경을 보호하는 '그린피스'를 상징하는 소형 어선

으며, 5000명이 넘는 그린피스 회원들이 있단다.

✸ 월드비전: 가난을 해결하고 정의를 구현하며, 구호활동과 개발사업 등을 진행하는 기독교 국제구호개발옹호기구란다. 1950년에 인도와 대만, 홍콩, 인도네시아, 베트남 등에서 구호사업을 시작하여 1960년대에는 아시아 이외

월드비전 – 가난을 해결하기 위해 식량을 지원하는 모습

의 다른 대륙으로 확대되었고, 1970년대부터 단순한 구호차원의 사업에서 제 3세계 지역주민들의 자립을 돕는 지역개발사업까지 실시하고 있단다. 현재까지도 북한의 식량지원 등 세계 많은 지역에서 발생하는 심각한 굶주림, 어린이 노동력 착취, 기독교적 화해사업 등의 문제를 다루고 있으며, 유니세프, 세계보건기구 등 국제적인 기관과의 연대사업도 펼치고 있단다.

✺ 해비타트: 전 세계에 흩어져 있는 무주택 서민들의 주거 문제를 해결할 목적으로 미국의 변호사인 밀러드 부부가 창설한 민간기독교운동단체로 '보금자리'라는 의미를 갖는단다.

설계에서부터 막일까지 모두 자원봉사를 통해 이루어지며, 기업들의 지원

해비타트 – 무주택 서민들을 위해 집을 짓는 모습

을 받아 저렴하면서도 안락한 집을 짓는단다. 한국에서도 1980년대부터 이 운동을 시작해 1992년 1월 공식기구로 발족해 정식 지회를 두고 국내외의 가구를 건설하고 공급하는 사업을 펼치고 있단다.

✸ **국제사면위원회**: 국가권력에 처벌 당하고 억압 당하는 각국 정치범을 구원하는 등 국제적으로 인권옹호활동을 펴는 인권기구란다. 인권을 침해 받는 사람들의 편에 서서 정의를 요구하고, 행동하고 연구를 수행하는 것을 목적으로 설립됐으며, 국제인권기구 중 가장 오랜 역사를 지니고 있어.

이 단체의 주된 활동은 양심수에게 편지 보내기, 그들을 위한 기금마련 등이지만, 고문반대 캠페인 전개로 유엔 고문방지협약 채택을 촉구, 사형제도

국제사면위원회 – 억압 당하는 정치범을 구원하는 인권옹호활동 지원

철폐 운동, 이스라엘의 아랍계 양심수 탄압실상고발 등의 활동을 벌임으로써 국제사회에 영향력을 행사함은 물론 난민보호운동, 국제사법정의실천운동, 소년병동원반대운동, 여성폭력추방운동, 무기거래통제운동 등 점점 더욱 폭넓은 활동을 벌이고 있단다. 1972년 한국에도 지부가 설립됐단다.

🌟 **국제소비자연맹**: 1960년 세계 소비자단체의 자립지원, 소비자보호의 국제적 제휴 촉진, 저개발국 원조를 목적으로 설립된 단체로 영국 런던에 소재지를 두고 있어.

초기에는 상품 비교 테스트를 소비자운동 전개의 중심 수단으로 삼는 미국 소비자동맹과 영국 및 벨기에의 소비자

국제소비자연맹 – 소비자의 권리를 보호하고 상품 비교 테스트 지원

협회 등이 중심이 되었으나, 현재는 보다 폭넓은 세계적인 소비자단체가 가입되어 있지. NGO기구 중 중요성이 A급인 기구로 등록되어 있으며, 한국은 1970년에 가입했단다.

NGO가 외교적 역할을 한다는 것은 국가 대 국가의 직접적인 협상 형식이 아니라 국가간의 외교적 협상의 불공정성을 폭로하거나 인권보장, 환경보존

및 보호, 빈곤추방과 부패방지 등 특정 국가 또는 국가간 관계에서의 문제를 거론하면서 그 영향력을 행사하는 거란다. 그렇기 때문에 국가의 외교정책으로 NGO 단체들과 교섭하고 협력체계를 구축하며 그들의 활동을 지원하는 일의 중요성이 점점 더 커지고 있단다.

글로벌 사회라고 불리는 현대사회에서는 외교가 그 어느 때보다도 국가의 경쟁력과 가치를 높이는 중요한 국가사업이 되고 있어. 외교는 더 이상 국가만의 일이 아니란다. 국민 개개인의 활동이 곧 외교가 되는 거야. NGO와 같은 민간단체에 소속되어 활동을 펼치는 것뿐만이 아니라 인터넷, 페이스북, 트위터 등과 같은 매체를 통해 자신의 의견을 표명하고 의견을 나누는 것도 국민들이 맺는 외교이거든. 너희들의 작은 활동이 곧 국제정치를 이끄는 원동력이 된단다.

어때, 지금 너희가 하고 있는 모든 일들이 국가의 이미지와 가치를 결정하는 외교와 관련된다고 하니 어깨가 무거우면서도 뿌듯하지 않니?

탕탕탕!
통과되었습니다

2014년 3월 15일 1판 1쇄 발행
2019년 6월 10일 1판 8쇄 발행

지은이 | 청동말굽
그린이 | 유인주
발행인 | 김경석
펴낸곳 | 아이앤북
편집자 | 우안숙 정애영
디자인 | 김정선
마케팅 | 남상희
주　소 | 서울시 성동구 천호대로 424(용답동)
연락처 | 02-2248-1555
팩　스 | 02-2243-3433
등　록 | 제4-449호

ISBN 978-89-97430-85-7 73340

이 책에 실린 모든 내용, 디자인, 이미지, 편집 구성의 저작권은 아이앤북과 지은이에게 있습니다.
http://blog.naver.com/iandbook 아이앤북은 '나와 책' '아이와 책'이라는 뜻을 가지고 있습니다.

이 도서의 국립중앙도서관 출판시도서목록(CIP)은 e-CIP 홈페이지 (http://www.nl.go.kr/ecip)
에서 이용하실 수 있습니다. (CIP 제어번호 : CIP2014008176)